ESCALA DE CALIFICACIÓN DEL AMBIENTE DE LA INFANCIA TEMPRANA

EDICIÓN REVISADA

THELMA HARMS
Directora,
Desarrollo del Programa de Estudios

RICHARD M. CLIFFORD
Investigador
Principal

DEBBY CRYER
Investigadora
Directora, Programa de Cuidado Infantil

Frank Porter Graham Child Development Center
Universidad de Carolina del Norte en Chapel Hill

Traducido por **Corina Dueñas**, Profesora de Español
La Universidad de Carolina del Norte en Chapel Hill

TEACHERS COLLEGE PRESS

TEACHERS COLLEGE | COLUMBIA UNIVERSITY
NEW YORK AND LONDON

Published by Teachers College Press, 1234 Amsterdam Avenue, New York, NY 10027

Cover design by Turner McCollum

ISBN 0-8077-4257-0

Printed on acid-free paper
Manufactured in the United States of America

25 24 23 22 21 20 19 18   11 10 9 8 7 6 5 4

Indice

Prefacio a la traducción en español

Es un gran placer presentar la *Escala de Calificación del Ambiente de la Infancia Temprana–Edición Revisada*, la traducción en español de la escala *Early Childhood Environment Rating Scale—Revised Edition* (ECERS–R). Aunque nuestras escalas han sido traducidas a muchas otras lenguas, esta es la primera traducción editada en los Estados Unidos. Queremos darle las gracias al Teachers College Press, la editorial de la ECERS–R en inglés, por hacer disponible esta traducción en español. Esto nos ha permitido estar más directamente involucrados con el proceso y ver, de primera mano, cuán difícil es producir una traducción precisa e idiomática.

La escala fue traducida por Corina Dueñas, profesora de Español en el Departamento de Lenguas Romances de la Universidad de Carolina del Norte en Chapel Hill. Ella le entregó la traducción a un Panel de Revisión compuesto de tres profesores en el campo de la infancia temprana, quienes son bilingües y quienes han usado la ECERS–R en inglés. El Panel de Revisión consistió en la Dra. Patricia Rodríguez, Profesora Asistente de Educación Especial en la Universidad de Washington en Seattle, la Dra. Dina C. Castro, Investigadora del Centro de Desarrollo del Niño Frank Porter Graham, en la Universidad de Carolina del Norte en Chapel Hill, y la Dra. María E. Reyes-Blanes, Profesora Asistente de Educación Especial en la Universidad del Centro de la Florida. Como la traductora y cada miembro del Panel de Revisión hablan el español de un país de origen distinto, forman un grupo ideal para crear una traducción que será fácilmente entendida por todas las personas hispanohablantes.

Además del Panel de Revisión, muchos educadores bilingües en el campo de la infancia temprana, de todas partes del país, leyeron la traducción voluntariamente. Ellos mandaron sus sugerencias para el mejoramiento de la traducción al Panel de Revisión, quien decidió cuales cambios eran necesarios. Recibir sugerencias de un grupo extenso de profesionales en el campo de la infancia temprana fue una ventaja inestimable a la traducción. La Srta. Dueñas pudo incorporar muchas de estas sugerencias en la traducción final. Estamos muy agradecidos por todo el labor y el compromiso que entraron en la versión en español de la ECERS–R.

Como con todas las publicaciones, hay muchos otros quehaceres esenciales que se tienen que completar antes de que se pueda mandar un libro a la editorial. Queremos darles las gracias a Ethan Feinsilver y a Megan Porter, miembros del personal del Centro del Desarrollo del Niño Frank Porter Graham, por su trabajo cuidadoso en formatear el texto. Fue muy útil que la Srta. Porter había estudiado un poco de español en el colegio.

Esperamos que la *Escala de Calificación del Ambiente de la Infancia Temprana— Edición Revisada*, a la cual nos referimos como la ECERS–R en español, le sea útil a los muchos educadores hispanohablantes en el campo de la infancia temprana en su tarea de proveer el cuidado y la educación a los niños en programas preescolares, en las guarderías infantiles, y en los jardines infantiles.

Thelma Harms
Chapel Hill, NC
Enero, 2002

Información adicional acerca de las
Escalas de Calificación del Ambiente
está disponible en
www.fpg.unc.edu/~ecers.

Introducción a la ECERS–R

La revisión de la ECERS ha sido un proceso largo y exigente. En la revisión, nuestra intención era mantener el equilibrio entre la continuidad y la innovación. Por una parte, queríamos retener esos aspectos que por más de quince años habían hecho de la ECERS un instrumento útil para la investigación y el mejoramiento de programas. Por otra parte, queríamos poner al día y ampliar el instrumento para reflejar los cambios que han ocurrido en el campo infantil desde que la ECERS fue publicada en 1980, y para incorporar los avances en nuestro propio entendimiento de cómo medir la calidad. Durante este tiempo, la inclusión de niños con discapacidades y la sensibilidad hacia la diversidad cultural se habían convertido en temas importantes a considerar en la evaluación de la calidad de un programa. La calidad recibió mayor atención a través del desarrollo del Programa de Acreditación de la Asociación Nacional para la Educación de Niños Pequeños [en inglés, National Association for the Education of Young Children (NAEYC), 1984] y la publicación de varios instrumentos de evaluación infantil. Durante este período de auto-examinación en el campo, la definición de la calidad del programa incorporada en el *Developmentally Appropriate Practice* de la NAEYC (Bredekamp, 1986) fue revisada en 1997 para incluir más énfasis en la diversidad cultural, las preocupaciones de la familia, y las necesidades de cada niño(a) (Bredekamp & Copple, 1997).

Nuestro propio entendimiento de cómo medir la calidad se incrementó a través del desarrollo de tres escalas adicionales usando el formato de la ECERS, cada una con sus propios mejoramientos y refinamientos: *Family Day Care Rating Scale* (FDCRS; Harms & Clifford, 1989), *Infant/ Toddler Environment Rating Scale* (ITERS; Harms, Cryer, & Clifford, 1990), *School-Age Care Environment Rating Scale* (SACERS; Harms, Jacobs, & White, 1996). Varios proyectos de investigación en los Estados Unidos y el extranjero habían usado la ECERS para determinar la calidad global y habían descubierto relaciones importantes entre las calificaciones en la ECERS y las medidas de los resultados en el (la) niño(a), y entre las calificaciones en la ECERS y las características de los maestros, el comportamiento de los maestros, y su compensación. Junto con estos resultados de investigación, los comentarios de varios investigadores respecto a las dificultades con determinados ítems fueron un recurso invalorable para la revisión. La ECERS también fue traducida a varios idiomas, incluyendo el italiano, el sueco, el alemán, el portugués, el español, y el islandés, y fue utilizada en un estudio internacional (Tietze, Cryer, Bairrão, Palacios, & Wetzel, 1996). Aunque la escala básica permaneció igual en las traducciones, algunos cambios fueron necesarios en unos cuantos de los indicadores, y especialmente en los ejemplos de los indicadores, para hacer que las varias traducciones fueran culturalmente pertinentes. Estos cambios nos fueron útiles mientras hacíamos nuestra propia revisión.

Además, la ECERS fue utilizada de varias maneras como instrumento para mejorar programas en muchos ambientes distintos, incluyendo aquellos que prestan servicios a poblaciones culturalmente diversas y en programas inclusivos. En los 17 años en que se había usado la ECERS en investigaciones y en el mejoramiento de programas, se acumuló un cuerpo de evidencia sobre la validez y utilidad de la escala, pero obviamente una revisión completa era necesaria.

Proceso de revisión

Tres fuentes principales de información fueron utilizadas durante el proceso de revisión: (1) un análisis de contenido de la relación entre la ECERS y otros instrumentos globales para la evaluación de la calidad y documentos que examinan temas programáticos; (2) resultados de los estudios usando la ECERS en ambientes preescolares, de cuidado infantil, y el jardín infantil (kindergarten); y (3) los comentarios de usuarios de la ECERS. El análisis contenido ayudó a identificar partes para añadir o sacar; los datos de varios estudios que utilizaron la ECERS nos dieron información sobre el alcance de las calificaciones en varios ítems y la dificultad relativa de los ítems, tanto como su validez. Más que nada, la contribución más valiosa a la revisión nos vino de los comentarios de los investigadores y los profesionales que habían utilizado la ECERS de diversas maneras.

Para colectar información de los usuarios de la ECERS, se organizaron tres grupos de enfoque: uno para explorar cómo funcionaba la ECERS en ambientes inclusivos, y dos para examinar su uso en ambientes culturalmente diversos. Tuvimos la suerte de tener acceso a expertos en estos dos campos que habían usado la ECERS extensamente en sus estudios por todo el país y que podían hacer sugerencias específicas. También tuvimos sesiones para recoger comentarios de los investigadores que habían usado la ECERS en sus estudios y que podían hacer sugerencias respecto al contenido y al formato desde el punto de vista de las necesidades de investigación. Además, un cuestionario fue circulado entre los numerosos individuos, programas, y proyectos que se sabía habían usado la ECERS extensamente, y recibimos sugerencias útiles de personas en los Estados Unidos, Canadá, y Europa.

Cambios en la ECERS–R

La ECERS–R es una revisión de la ECERS; no es una escala nueva. Las mismas bases y fundamentos generales son evidentes en esta revisión. La ECERS–R retiene de la escala original su definición amplia del ambiente, incluyendo aquellos aspectos espaciales, programáticos, e interpersonales que afectan directamente a los niños y a los adultos en un ambiente infantil. Las siete sub-escalas de la ECERS–R son las siguientes: **Espacio y Muebles, Rutinas del Cuidado Personal, Lenguaje-Razonamiento, Actividades, Interacción, Estructura del Programa, y Padres y Personal.**

Aunque las sub-escalas de la ECERS–R no son idénticas a las de la ECERS, la definición comprensiva del ambiente es evidente. La revisión retiene también el mismo formato, con cada ítem formulado como una escala de siete puntos con descriptores para 1 (inadecuado), 3 (mínimo), 5 (bueno), y 7 (excelente). La base conceptual para evaluar la calidad en la ECERS–R también es consistente con la ECERS original. Los niveles de calidad del programa son basados en definiciones actuales de lo que se considera la mejor práctica y en investigaciones que relacionan la práctica con los resultados en los niños. El enfoque está en las necesidades de los niños y en cómo satisfacer esas necesidades lo mejor posible dado nuestro entendimiento actual.

Reteniendo las semejanzas básicas que proporcionan la continuidad entre la ECERS–R y la ECERS, se hicieron los cambios siguientes a la revisión:

1. Los ítems alternativos para los niños hasta los 36 meses fueron omitidos; use el *Infant/ Toddler Environment Rating Scale* (Harms, Clifford, & Cryer, 1990).
2. Las descripciones debajo de los niveles de calidad 1, 3, 5, y 7 fueron escritas como indicadores separados en vez de en forma de párrafo. Esto sigue el modelo de nuestras otras escalas, el FDCRS, el ITERS, y el SACERS.
3. Las Notas para Clarificación fueron ampliadas para explicar la intención de los indicadores y para dar información específica adicional para una calificación más exacta.
4. Algunos ítems fueron combinados para eliminar la redundancia (p. ej., los ítems 6 y 7 debajo de "Muebles y Exhibiciones" de la ECERS ahora es el ítem 2 de la ECERS–R).
5. Algunos ítems fueron divididos en varios ítems para profundizar en el contenido (p. ej., el ítem 32 "Tono" de la ECERS ahora está dividido en varios ítems de la ECERS–R, el ítem 31 "Disciplina" y el ítem 32 "Interacciones entre el personal y los niños").
6. Algunos ítems fueron añadidos para áreas no cubiertas en la ECERS, como: prácticas de salud y seguridad; actividades de naturaleza/ ciencia; actividades de matemáticas/ números; el uso de televisión, videos, y/o computadoras; ítems de interacción incluyendo interacciones entre los niños; y varios ítems enfocando las necesidades del personal.
7. Indicadores y ejemplos fueron añadidos a muchos ítems para hacerlos más inclusivos y culturalmente sensibles. Siguiendo las sugerencias de nuestros grupos de enfoque sobre la inclusión y la diversidad cultural, no creamos ítems separados sino incorporamos indicadores y ejemplos por toda la escala.
8. El sistema de calificación se hizo consistente con él que se usó para el FDCRS, el ITERS, y el SACERS. Además, es posible en la ECERS–R marcar un "Sí", un "No", o en algunos ítems un "NA" (no aplica) para cada indicador por separado. Esto ayudará a identificar de manera más clara la base de calificación de la calidad para ese ítem.
9. Las Notas para Clarificación aparecen debajo del ítem para facilitar el uso.
10. Debajo de las Notas para Clarificación se encuentran preguntas modelos para los indicadores que no son tan fácilmente observables.

Nuestras metas para la revisión de la ECERS fueron poner al día el contenido, hacer que el formato y las instrucciones de calificación fueran más compatibles con nuestras otras escalas, y añadir calificaciones a los indicadores para permitir más especificidad en determinar la razón por la calificación de la calidad para el ítem. Creemos que la ECERS–R ha alcanzado estas metas.

Confiabilidad y validez

Como se ha dicho anteriormente, esta versión actual de la ECERS es una revisión de la muy conocida y establecida escala original. Mantiene la misma estructura conceptual, tanto como el mismo método básico de calificación y de administración. Como la versión original tiene una larga historia de investigación que demuestra que la calidad medida por la ECERS tiene una buena validez predictiva (p. ej., Peisner-Feinberg & Burchinal, 1997; Whitebook, Howes, & Phillips, 1990), se esperaría que la versión revisada mantuviera esa forma de validez. La mayor pregunta a la cual intentamos responder aquí es si los cambios a la escala han afectado la confiabilidad entre los calificadores.

Se hizo un grupo extenso de pruebas de la ECERS–R en el campo durante la primavera y el verano de 1997 en 45 salas de clase. Los autores no estaban satisfechos con la confiabilidad obtenida entre los calificadores obtenidos y decidieron que hacia falta hacer revisiones adicionales. Los datos de este primer estudio se usaron para determinar los cambios necesarios para obtener un instrumento completamente confiable. Se hicieron revisiones importantes al primer borrador de la escala usado en las pruebas de campo, usando las confiabilidades a nivel de indicadores como un guía para enfocar el proceso de revisión. Después que se hicieron las revisiones, se hizo una segunda prueba que enfocaba la confiabilidad entre calificadores en una muestra de 21 clases, distribuida igualmente entre clases con resultados de calificación alta, media, y baja en la primera prueba. Aunque esta prueba fue conservadora, con poca oportunidad de desarrollar la confiabilidad a través de las conversaciones que tienen lugar normalmente siguiendo una observación de práctica, los resultados de la segunda prueba fueron muy satisfactorios.

Sobre todo, la ECERS–R es confiable al nivel del indicador y de los ítems, y al nivel de la calificación total. El porcentaje de concordancia a través de los 470 indicadores completos en la escala es 86.1% con ningún ítem teniendo un nivel de concordancia de indicador menos del 70%. Al nivel de los ítems, la proporción de concordancia fue el 48% para concordancia exacta y el 71% para la concordancia dentro de un punto.

Para la escala entera, las correlaciones entre los dos observadores fueron .921 correlación producto-momento (Pearson) y .865 orden de grado (Spearman). La correlación entre las clases fue .915. Estos porcentajes están todos dentro del rango generalmente aceptado siendo los niveles de concordancia totales bastante altos. Estos porcentajes completos son comparables a los niveles de concordancia en la ECERS original.

También examinamos la consistencia interna de la escala a los niveles de sub-escala y de calificación total. Las consistencias internas de las sub-escalas son de .71 a .88 con una consistencia interna de la escala total de .92. La Tabla 1 presenta las consistencias internas para las siete sub-escalas. Estos niveles de consistencia interna indican que las sub-escalas y la escala total pueden ser consideradas para formar niveles razonables de concordancia interna sosteniéndolas como construcciones separadas. Muchas preguntas sobre la confiabilidad y validez quedan sin respuesta. Por ejemplo, se necesitarán estudios para responder a preguntas tales como: ¿Hasta qué punto mantiene la versión revisada la misma magnitud de calificación que la versión original? y ¿Las dos versiones predicen resultados del desarrollo infantil de manera semejante? Además, serán necesarios grupos de datos más grandes para examinar de manera empírica la estructura de factores de la escala. Investigaciones sobre la ECERS original han producido usualmente dos factores, uno enfocando el aspecto pedagógico del ambiente, y otro enfocando el aspecto de la provisión de oportunidades (Rossbach, Clifford, & Harms, 1991; Whitebook, Howes, & Phillips, 1990). Más investigaciones serán necesarias para determinar hasta que punto la ECERS–R revela las mismas dimensiones empíricas.

Para resumir, las pruebas de campo mostraron niveles de concordancia entre calificadores aceptables a los tres niveles: de los indicadores de calificación, de los ítems, y de la calificación total. Además, existe sustención en usar las calificaciones de las sub-escalas y la calificación total para representar aspectos significativos del ambiente.

Tabla 1 Correlaciones intra-clase para las sub-escalas de la ECERS–R

Escala	Consistencia interna entre calificadores
Espacio y Muebles	0.76
Rutinas del Cuidado Personal	0.72
Lenguaje-Razonamiento	0.83
Actividades	0.88
Interacción	0.86
Estructura del Programa	0.77
Padres y Personal	0.71
Total	0.92

Referencias

Bredekamp, S. (Ed.). (1987). *Developmentally appropriate practice in early childhood programs from birth through age 8*. Washington, DC: National Association for the Education of Young Children.

Bredekamp, S., & Copple, C. (Eds.). (1977). *Developmentally appropriate practice in early childhood programs*. Washington, DC: National Association for the Education of Young Children.

Harms, T., & Clifford, R. M. (1989). *Family Day Care Rating Scale*. New York: Teachers College Press.

Harms, T., Cryer, D., & Clifford, R. M. (1990). *Infant/Toddler Environment Rating Scale*. New York: Teachers College Press.

Harms, T., Jacobs, E., & White, D. (1996). *School-Age Care Environment Rating Scale*. New York: Teachers College Press.

National Association for the Education of Young Children. (1984). *Accreditation criteria and procedures of the national academy of early childhood programs*. Washington, DC: Author.

Peisner-Feinberg, E., & Burchinal, M. (1997). Relations between preschool children's child care experiences and concurrent development: The Cost, Quality and Outcomes Study. *Merrill-Palmer Quarterly, 43*(3), 451–477.

Rossbach, H. G., Clifford, R. M., & Harms, T. (1991, April). *Dimensions of learning environments: cross-national validation of the Early Childhood Environment Rating Scale*. Paper presented at the annual meeting of the American Educational Research Association, Chicago.

Tietze, W., Cryer, D., Bairrão, J., Palacios, J., & Wetzel, G. (1996). Comparisons of observed process quality in early child care and education in five countries. *Early Childhood Research Quarterly, 11*(4), 447–474.

Whitebook, M., Howes, C., & Phillips, D. (1990). *Who Cares? Child care teachers and the quality of care in America*. Final Report of the National Child Care Staffing Study. Oakland, CA: Child Care Employee Project.

Reconocimientos

Nuestro trabajo ha sido inmesurablemente enriquecido por los muchos colegas que han usado la primera edición de la *Escala de Calificación del Ambiente de la Infancia Temprana* [en inglés, *Early Childhood Environment Rating Scale* (ECERS)] y quienes han generosamente compartido sus percepciones e información con nosotros. Aunque es imposible mencionar a cada uno de los que han contribuído ideas durante los años que la ECERS ha estado en uso, queremos expresar nuestra gratitud, primero a cada una de las muchas personas que nos han dado comentarios, de manera informal y formal. Esto incluye a colegas en los Estados Unidos, Canadá, Europa, y Asia cuyo trabajo en investigación y mejoramiento de programas usando la ECERS ha agregado mucho a nuestro entendimiento sobre la calidad. Un agradecimiento especial a los muchos individuos que respondieron a nuestro cuestionario sobre la revisión de la ECERS.

Queremos reconocer en particular a:

- Los participantes en nuestros grupos de enfoque en Chapel Hill. El grupo de enfoque sobre la inclusión lo formaron Pat Wesley, Ginny Kinney, Kathy Clayton, Sharon Palsha, Deanna Shepherd-Woody, Carla Fenson, Sandy Steele, y Brenda Dennis. En el grupo de enfoque sobre la diversidad participaron Muriel Lundgren, Salma Haidermotha, Valerie Jarvis, Lynette Darkes, Patricia Rodríguez, y Jana Fleming.
- Anne Mitchell, Laura Sakai, y Alice Burton, miembros del equipo de evaluación para la Iniciativa de Centros Modelos [Model Centers Initiative] en San Francisco, California, quienes condujeron un grupo de enfoque sobre la diversidad con directores y personal, y quienes probaron en el campo la ECERS–R en un número de centros diversos.
- Miembros de equipos de investigación del Estudio Nacional sobre el Empleo del Personal del Cuidado Infantil [National Child Care Staffing Study] y del Estudio sobre Costo, Calidad, y Resultados [Cost, Quality, and Outcomes Study] por compartir sus datos de la ECERS con nosotros.

- Donna Bryant, Kelly Maxwell, y Ellen Peisner-Feinberg, nuestras colegas en el Centro de Desarrollo del Niño Frank Porter Graham, UNC en Chapel Hill, quienes compartieron con nosotros datos de sus estudios así como su valiosa experiencia con la escala.
- Adele Richardson Ray, quien realizó la extensa revisión de la literatura y análisis del contenido.
- Eva Higgins, quien condujo las pruebas de la ECERS–R en el campo con la ayuda de evaluadores de campo: Nicole Lamb Ives, Canby Robinson, Marianne Mount, Gisele Crawford, Terry Hammersley, Amy Rogers, Cathy Festa, Eleanor Levinson, Noreen Yazejian, y Katherine Polk.
- Steve Magers y Dave Gardner, quienes analizaron los datos de las pruebas de campo bajo la dirección de Peg Burchinal.
- Cathy Riley, quien preparó el manuscrito y lo llevó cuidadosamente tras revisiones sin fin, manteniendo de alguna manera su paciencia.
- Turner McCollum, por su diseño innovador de la cubierta.
- Susan Liddicoat, nuestra editora en el Teachers College Press, por su paciencia, interés y determinación en ayudarnos a hacer de la ECERS–R la mejor escala posible.
- Los directores, el personal, y los niños en las 45 clases de los 35 centros que nos permitieron gentilmente probar la ECERS–R en el campo.

Queremos reconocer a la Fundación A. L. Mailman Family, la Fundación Smith Richardson, y el Programa de Pequeñas Becas del Centro del Desarrollo del Niño Frank Porter Graham por respaldar en parte la revisión de la ECERS, y especialmente por su fe en nosotros y en el valor de nuestro trabajo.

Thelma Harms, Richard M. Clifford, y Debby Cryer
Frank Porter Graham Child Development Center
Diciembre, 1997

Instrucciones para usar la ECERS–R

Es importante ser preciso al usar la ECERS–R, sea que use la escala en su propia clase para auto-evaluación o la use como observador externo para el monitoreo del programa, la evaluación del programa, el mejoramiento del programa, o investigación. Un paquete de videos de entrenamiento sobre la ECERS–R está disponible a través del Teachers College Press para uso como auto-instrucción o como parte de entrenamiento de grupos. Es preferible participar en un entrenamiento dirigido por un entrenador con experiencia en la ECERS–R antes de usar la escala formalmente. La secuencia de entrenamiento para observadores quienes usarán la escala para controlar, evaluar, o investigar debe incluir por lo menos dos observaciones de clase de práctica con un grupo pequeño de observadores, seguido por una comparación de confiabilidad entre calificadores. Cualquiera que planée usar la escala debe leer atentamente las instrucciones siguientes antes de tratar de calificar un programa.

Administración de la Escala

1. La escala está diseñada para ser usada en una sala de clase o con un grupo a la vez, para niños de 2 años y medio de edad hasta 5 años. Se debe reservar un bloque de tiempo de por lo menos 3 horas para observar y calificar si usted es observador externo, es decir, cualquiera que no sea miembro del personal pedagógico (p. ej., directores del programa, consultores, personal que otorga licencias, e investigadores). Una observación de más de dos horas de duración es preferible.

2. Antes de empezar su observación, llene lo más que pueda de los datos de identificación en la parte superior de la primera página de la Hoja de Calificación. Quizás necesitará pedirle alguna información al maestro. Hacia el final de la observación, asegúrese que todos los datos de identificación solicitados en la primera página estén completos.

3. Tome unos minutos al principio de su observación para orientarse en la sala de clase.
   • Quizás querrá empezar con los ítems 1 al 6 en la categoría "Espacio y Muebles" porque son fáciles de observar.
   • Algunos ítems requieren la observación de eventos y actividades que ocurren sólo a horas específicas del día (p. ej., los ítems 9 al 12 en "Rutinas del Cuidado Personal", los ítems 7, 8, y 29 que cubren el juego motor grueso). Note estos ítems para que pueda observarlos y calificarlos cuando ocurran.
   • Califique los ítems que evalúan las interacciones sólo después que haya observado por un tiempo suficiente para obtener una imagen representativa (p. ej., los ítems 30 al 33 en "Interacciones"; los ítems 34 al 37 en "Estructura del Programa"; el ítem 41 en "Padres y Personal").
   • Los ítems 19 al 28 en "Actividades" requerirán tanto la inspección de materiales como la observación del uso de los materiales.

4. Tenga cuidado de no interferir con las actividades mientras observa.
   • Mantenga una expresión agradable pero neutra.
   • No tenga interacción con los niños a menos que vea una situación peligrosa que se tenga que atender inmediatamente.
   • No le hable ni interrumpa al personal.

5. Necesita reservar un poco de tiempo con el maestro para hacerle preguntas sobre los indicadores que no pudo observar. El maestro debe estar libre de la responsabilidad de cuidar niños mientras que esté respondiendo a estas preguntas. Necesitará más o menos 20 minutos para las preguntas. Para utilizar mejor este tiempo reservado para las preguntas:
   • Use las preguntas modelos cuando apliquen.
   • Si tiene que hacer preguntas sobre ítems para los cuales no hay preguntas modelos, anote su pregunta en la Hoja de Calificación o en otra hoja de papel antes de hablar con el maestro.
   • Haga sólo aquellas preguntas necesarias para decidir si una calificación más alta es posible.
   • Haga preguntas sobre un ítem a la vez y tome apuntes o decida la calificación antes de seguir al próximo ítem.

6. Tenga en cuenta que la Hoja de Calificación (pp. 53–58) le provee una forma conveniente para apuntar las calificaciones de los indicadores, de los ítems, de las sub-escalas, y los totales, además de anotar sus comentarios. El Perfil (p. 59) permite una representación gráfica de esta información.
   • Una copia limpia de la Hoja de Calificación es necesaria para cada observación. Por esto, se le da aquí el permiso de fotocopiar sólo la Hoja de Calificación y el Perfil, pero no la escala entera.
   • Las calificaciones se deben anotar en la Hoja de Calificación antes de retirarse del programa o inmediatamente después. No se debe memorizar las calificaciones para luego anotarlas.
   • Se recomienda usar un lápiz para marcar la Hoja de Calificación durante la observación para que se pueda hacer cambios fácilmente.
   • Las anotaciones finales en la Hoja de Calificación deben ser suficientemente oscuras para que se puedan fotocopiar.

Sistema de Calificación

1. Lea atentamente la escala entera, incluyendo los Ítems, las Notas para Clarificación, y las Preguntas. Para ser precisas, todas las calificaciones tienen que estar basadas, con la mayor exactitud posible, en los indicadores dados en los ítems de la escala.

2. La escala se debe mantener al alcance y se debe consultar con frecuencia durante toda la observación para asegurarse de que las calificaciones están asignadas con exactitud.

3. Ejemplos que son diferentes de los que se han dado en los indicadores pero que parecen comparables se pueden usar como una base para dar crédito por un indicador.

4. Las calificaciones se deben basar en la situación actual que se observa o que se reporta por el personal, no en los planes futuros. En la ausencia de información observable en la cual basar su calificación, usted puede usar respuestas dadas por el personal durante el período de cuestionamiento para asignar calificaciones.

5. Mientras esté calificando un ítem, siempre empiece a leer del 1 (inadecuado) y progrese hacia arriba hasta llegar a la calificación correcta.

6. Las calificaciones se deben asignar de la manera siguiente:
   - Una calificación de 1 se debe dar si *cualquier* indicador debajo de 1 es calificado "Sí".
   - Una calificación de 2 se da cuando todos los indicadores debajo de 1 son calificados "No" y por lo menos la mitad de los indicadores debajo de 3 son calificados "Sí".
   - Una calificación de 3 se da cuando todos los indicadores debajo de 1 son calificados "No" y todos los indicadores debajo de 3 son calificados "Sí".
   - Una calificación de 4 se da cuando se han satisfecho todos los indicadores debajo de 3 y por lo menos la mitad de los indicadores debajo de 5 son calificados "Sí".
   - Una calificación de 5 se da cuando todos los indicadores debajo de 5 son calificados "Sí".
   - Una calificación de 6 se da cuando se han satisfecho todos los indicadores debajo de 5 y por lo menos la mitad de los indicadores debajo de 7 son calificados "Sí".
   - Una calificación de 7 se da cuando todos los indicadores debajo de 7 son calificados "Sí".
   - Una calificación de NA (no aplica) se puede dar sólo para los indicadores o para ítems enteros cuando se ve "NA permitido" en la escala y en la Hoja de Calificación. Los indicadores que son calificados NA no se cuentan al determinar la calificación del ítem, y los ítems marcados NA no se cuentan cuando se calculan las calificaciones de las sub-escalas y de la escala total.
7. Para calcular el promedio de las calificaciones de las sub-escalas, sume la calificación de cada ítem de la sub-escala y divídalo por el número de ítems calificados. El promedio total es la suma de las calificaciones de todos los ítems de la escala dividida por el número de ítems calificados.

Opción de Calificación Alternativa

Como se le puede dar una calificación a cada uno de los indicadores de la ECERS–R, es posible seguir calificando los indicadores más allá de la calificación del nivel de calidad asignada a un ítem. Usando el sistema de calificación descrito arriba, típicamente se califican los indicadores sólo hasta que se le asigne una calificación de calidad para el ítem. Pero, si para los propósitos de investigación o de mejoramiento del programa, se desea adquirir información adicional en las áreas de los puntos más fuertes, más allá de la calificación de la calidad, el observador puede seguir calificando todos los indicadores.

Si se elige la opción de calificación alternativa y se califican todos los indicadores, se tendrá que extender bastante el tiempo de observación y de cuestionamiento necesario. Una observación de aproximadamente 3 ½ a 4 horas y un tiempo de cuestionamiento de aproximadamente 45 minutos serán necesarios para completar todos los indicadores. Sin embargo, la información adicional puede ser útil para hacer planes para mejoramientos específicos y en la interpretación de los resultados de la investigación.

Hoja de Calificación y Perfil

La Hoja de Calificación permite calificaciones de los indicadores y de los ítems. Las calificaciones de los indicadores son S (Sí), N (No), y NA (no aplica) que se permite sólo para indicadores selectos, como es notado. También hay un poco de espacio para apuntes que justifican la calificación. Como los comentarios le ayudan a darle consejos al personal para el mejoramiento, sugerimos que, para este fin, tome notas extensas en una hoja de papel adicional.

Se debe tener cuidado de marcar el renglón correcto debajo de S, N, o NA para cada indicador. La calificación numérica para cada ítem debe estar claramente circulada (vea el modelo, p. 52).

El Perfil en la página 58 permite una representación gráfica de las calificaciones para todos los ítems y sub-escalas. Se puede usar para comparar las áreas fuertes y débiles, y para seleccionar los ítems y sub-escalas a mejorar. También hay un espacio para anotar los promedios de las calificaciones de las sub-escalas. Los perfiles de por lo menos dos observaciones se pueden anotar lado a lado para presentar los cambios de manera visual (vea el modelo, p. 52).

Explicaciones de los Términos Usados a lo Largo de la Escala

1. **Accesible** significa que los niños pueden alcanzar y usar los materiales, los muebles, el equipo, etcétera. Esto no significa que cada niño tiene que tener acceso en todo momento. Por ejemplo, el acceso puede ser limitado a una cierta cantidad de niños en un área o limitado a ciertas horas del día.
2. **Una parte considerable del día** significa por lo menos una tercera parte del tiempo que los niños están presentes. Por ejemplo, 1 hora de un programa de 3 horas, o 3 horas de un programa de 9 horas.
3. Para distinguir entre las palabras "**algunos**" y "**muchos**," los materiales en varios ítems están separados en categorías en las Notas para Clarificación. Por ejemplo, el equipo de uso motor grueso está separado entre *equipo estacionario* y *equipo portátil*; los materiales de uso motor fino están separados entre *juguetes pequeños para la construcción*, *materiales de arte*, *manipulativos*, y *rompecabezas*; naturaleza/ciencia incluye categorías de materiales como *colecciones de objetos naturales, cosas vivas, libros de naturaleza/ ciencia, juegos*, o *juguetes*, *actividades de naturaleza/ ciencia* tales como cocinar y experimentos simples.
4. **Personal** se refiere generalmente a los adultos que están directamente asociados con los niños, el personal pedagógico. En la escala, se usa la palabra personal en el plural porque se supone que usualmente hay más de un miembro del personal trabajando con un grupo. Cuando un miembro individual del personal hace algo de forma diferente, es necesario llegar a una calificación que caracteriza el impacto total de todos los miembros del personal sobre los niños. Por ejemplo, en una sala de clase en donde uno de los miembros del personal es muy verbal y otro es básicamente no verbal, la calificación se determina por qué bien se satisfacen las necesidades de estimulación verbal de los niños.

Resumen de las Sub-escalas y los Ítems de la ECERS–R

Inadecuado		Mínimo		Bueno		Excelente
1	2	3	4	5	6	7

ESPACIO Y MUEBLES

1. Espacio interior

1.1 No hay suficiente espacio para niños*, adultos, y muebles.

1.2 El espacio no tiene suficiente luz, ventilación, control de temperatura, o materiales que absorben el sonido.

1.3 El espacio está en malas condiciones (p. ej., se está cascando la pintura de las paredes y del techo; los pisos no están lisos y están dañados).

1.4 El espacio está mal mantenido (p. ej., dejan los pisos sucios o pegajosos; los basureros se están desbordando).

3.1 Hay suficiente espacio interior para niños, adultos, y muebles.

3.2 El espacio tiene suficiente luz, ventilación, control de temperatura, y materiales que absorben el sonido.

3.3 El espacio está en buenas condiciones.

3.4 El espacio está bastante limpio† y bien mantenido.

3.5 El espacio es accesible‡ a todos los niños y adultos que están usando la sala de clase (p. ej., rampas y barandas de manos para personas con discapacidades, acceso para sillas de ruedas y bastones). *NA permitido.*

5.1 Hay espacio amplio al interior que les permite a los niños y a los adultos moverse fácilmente (p. ej., los muebles no limitan los movimientos de los niños; hay suficiente espacio para el equipo que necesitan los niños con discapacidades).

5.2 Hay buena ventilación, entra alguna luz natural a través de las ventanas o por un tragaluz.

5.3 El espacio es accesible‡ a todos los niños y adultos con discapacidades.

7.1 Se puede controlar la luz natural (p. ej., persianas o cortinas ajustables).

7.2 Se puede controlar la ventilación** (p. ej., se pueden abrir las ventanas; el personal usa un ventilador).

Notas para Clarificación

* Base la necesidad de espacio en el número más alto de niños presentes en un momento determinado.

† Se espera que haya un poco de suciedad como resultado de las actividades normales del día. "Bastante limpio" significa que hay evidencia de mantenimiento diario, como barrer y trapear los pisos, y que las ensuciadas grandes, como el jugo derramado, se limpian inmediatamente.

‡ Para considerar el espacio del interior mínimamente aceptable, el espacio debe ser accesible a los niños y adultos con discapacidades que actualmente participan en el programa. Si no hay niños ni adultos con discapacidades en el programa actualmente, marque NA para el indicador 3.5. Para una calificación de 5, la accesibilidad es necesaria aunque no hayan individuos con discapacidades en el programa. Por esta razón, sólo se puede marcar N o S para el 5.3.

** Las puertas que dan para afuera cuentan con control de ventilación sólo si se pueden dejar abiertas sin ser una amenaza para la seguridad (p. ej., si tienen una puerta de tela metálica con seguro o si tienen una cerquita de seguridad para impedir que los niños salgan solos de la sala de clase).

2. Muebles para el cuidado rutinario, el juego, y el aprendizaje*

1.1 No hay suficientes muebles básicos para el cuidado rutinario, juego, y aprendizaje (p. ej., no hay suficientes sillas para que todos los niños las usen a la misma vez; hay muy pocos estantes abiertos para los juguetes).

1.2 Los muebles están generalmente en tan malas condiciones que pueden hacer daño a los niños (p. ej., astillas o clavos descubiertos, las patas de las sillas se mueven).

3.1 Hay suficientes muebles para el cuidado rutinario, el juego, y el aprendizaje.

3.2 La mayor parte de los muebles son fuertes y están en buenas condiciones.

3.3 Los niños con discapacidades† tienen los muebles adaptados a sus necesidades (p. ej., las sillas adaptadas o soportes están disponibles para los niños con discapacidades).
NA permitido.

5.1 La mayor parte de los muebles es de tamaño apropiado para los niños.‡

5.2 Todos los muebles están fuertes y en buenas condiciones.

5.3 Los muebles adaptados permiten la inclusión de los niños con discapacidades† con sus compañeros (p. ej., un niño que utiliza una silla especial puede sentarse en una mesa con los otros).
NA permitido.

7.1 Los muebles del cuidado rutinario son convenientes para utilizar (p. ej., los catres/ las colchonetas están guardados para acceso fácil).

7.2 Se usa una mesa de carpintería, una mesa para arena/ agua, o un caballete.

Notas para Clarificación

* Muebles básicos: mesas y sillas utilizadas para las comidas/las meriendas y las actividades; las colchonetas o los catres para descansar o para la siesta; estantes u otro espacio para guardar las cosas de los niños; estantes abiertos y bajos para materiales de juego/ aprendizaje. Para poder dar crédito por estantes abiertos y bajos, tienen que ser usados para juguetes y materiales que los niños pueden alcanzar solos.

† Si no hay niños con discapacidades matriculados o si los niños con discapacidades no necesitan muebles adaptados, marque NA para el 3.3 y el 5.3.

‡ Como los niños son de diferentes tamaños a las diferentes edades, lo que se intenta aquí es que los muebles sean de tamaño adecuado para los niños que se están cuidando. Los muebles que son más pequeños que un tamaño de adulto pueden ser adecuados para los niños de 6 o 7 años de edad, pero no bastante pequeños para un niño de 2 o tres años. Para considerar que las sillas sean de tamaño apropiado para los niños, los pies de los niños deben tocar el piso cuando estén sentados. La estatura de las mesas debe permitir que los niños puedan poner las rodillas debajo de la mesa, y los codos encima de la mesa.

Inadecuado		Mínimo		Bueno		Excelente
1	2	3	4	5	6	7

3. Muebles para el relajamiento y el confort*

1.1 No hay muebles suaves accesibles† a los niños (p. ej., muebles tapizados, cojines, alfombras, asientos en forma de bolsas rellenas de bolitas de poli estireno).

1.2 No hay juguetes suaves accesibles a los niños (p. ej., peluches, muñecas suaves).

3.1 Hay algunos muebles suaves accesibles a los niños (p. ej., un espacio alfombrado para jugar, cojines).

3.2 Hay algunos juguetes suaves accesibles a los niños.

5.1 Hay un área cómoda‡ accesible a los niños por una parte considerable del día.**

5.2 El área cómoda no se usa para el juego activo físico.

5.3 La mayor parte de los muebles suaves están limpios y en buenas condiciones.

7.1 Hay muebles suaves además de un área cómoda accesible a los niños (p. ej., hay cojines en el área de juego dramático, hay varias áreas alfombradas, o el lugar está alfombrado por completo).

7.2 Hay muchos juguetes suaves y limpios accesibles a los niños.

Notas para Clarificación

* Los muebles para el relajamiento y el confort significa que los niños tienen muebles suaves durante sus actividades de juego y de aprendizaje. Los muebles del cuidado rutinario como los catres, las frazadas, y las almohadas usadas para tomar la siesta no se consideran para calificar este ítem.

† Vea "Explicaciones de los Términos Usados a lo Largo de la Escala" (p. 6) para la definición de accesible.

‡ Un área cómoda es un espacio claramente definido con una cantidad considerable de suavidad donde los niños pueden descansar, soñar despiertos, leer, o jugar tranquilos. Por ejemplo, puede constituirse de una alfombra suave con varios cojines, un sofá tapizado, o un colchón forrado con cojines.

** Vea "Explicaciones de los Términos Usados a lo Largo de la Escala" (p. 6) para la definición de "una parte considerable del día".

Inadecuado		Mínimo		Bueno		Excelente
1	2	3	4	5	6	7

4. Organización de la sala para el juego

1.1 No hay centros de interés* definidos.

1.2 La supervisión visual del área de juego es difícil.

3.1 Por lo menos dos centros de interés están definidos.

3.2 La supervisión visual del área de juego no es difícil.

3.3 Hay espacio suficiente para varias actividades a la vez (p. ej., hay espacio en el piso para los bloques, espacio en la mesa para los manipulativos, un caballete para el arte).

3.4 La mayor parte de los espacios para el juego son accesibles a los niños con discapacidades matriculados en el grupo.
NA permitido.

5.1 Hay por lo menos tres centros de interés definidos y equipados convenientemente (p. ej., hay agua cerca del centro de arte, hay suficiente espacio en los estantes para los bloques y los manipulativos).

5.2 Los centros tranquilos y activos no están localizados de tal manera que interfieran el uno con el otro (p. ej., el área para leer o escuchar está separada del área para los bloques o de juego hogareño).

5.3 El espacio está organizado para que la mayor parte de las actividades no se interrumpa (p. ej., los estantes están arreglados para que los niños caminen alrededor y no a través de las actividades; el arreglo de los muebles desanima el retozo y el correteo).

7.1 Por lo menos cinco centros de interés distintos ofrecen una variedad de experiencias del aprendizaje.

7.2 Los centros están organizados para el uso independiente por los niños (p. ej., los estantes abiertos están marcados; los recipientes de juguetes están marcados; los estantes abiertos no están atestados; el espacio para el juego está cerca de donde se guardan los juguetes).

7.3 Existen materiales adicionales disponibles para agregar a/o cambiar los centros.

Notas para Clarificación

* Un centro de interés es un área donde los materiales, organizados por tipo, están guardados para que estén accesibles a los niños, y donde los niños tienen un espacio apropiadamente amueblado para participar en un tipo de juego específico. Ejemplos de centros de interés son actividades de arte, bloques, juego dramático, lectura, naturaleza/ ciencia, y manipulativos/actividades motoras finas.

Pregunta

(7.3) ¿Hay algunos materiales adicionales disponibles que se pueden agregar a los centros de interés?

Inadecuado		Mínimo		Bueno		Excelente
1	2	3	4	5	6	7

. Espacio para la privacidad*

.1 No se les permite a los niños jugar solos o con un amigo, protegidos de las intrusiones de otros niños.

3.1 Se les permite a los niños encontrar o crear espacio para la privacidad (p. ej., detrás de los muebles o las divisiones entre los salones, dentro del equipo de juego al aire libre, en un rincón tranquilo de la sala).

3.2 El espacio para la privacidad se puede vigilar fácilmente por el personal.

5.1 Hay espacio reservado para que uno o dos niños jueguen, protegidos de las intrusiones de otros (p. ej., hay una regla que prohibe interrumpir; hay un espacio pequeño protegido por estantes).

5.2 El espacio para la privacidad es accesible para uso por una parte considerable del día.

7.1 Hay más de un espacio disponible para la privacidad.

7.2 El personal† ha preparado actividades para el uso entre uno o dos niños en un espacio privado, separados de las actividades generales en grupos (p. ej., dos tableros de clavijas en una mesa pequeña en un rincón tranquilo; una computadora para el uso entre uno o dos niños).

Notas para Clarificación

* La intención de un espacio para la privacidad es de darle a los niños un alivio de las presiones de la vida en grupo. Para este ítem, no se le da crédito al aislamiento del grupo como castigo. Se considera como espacio para la privacidad un lugar donde uno o dos niños pueden jugar, protegidos de las intrusiones de otros niños, mientras estando vigilados por el personal. Se puede crear el espacio privado con barreras físicas como estantes; en haciendo cumplir la regla de que los niños no se pueden interrumpir; limitando la cantidad de niños que trabajan en una mesa situada en un área fuera del tráfico. Ejemplos de espacios para la privacidad son un pequeño desván; centros de actividades donde el uso se limita a uno o dos niños; una caja grande de cartón con ventanas y una puerta cortadas de ella, y un cojín dentro; una casita de jugar afuera.

† "Personal" aquí se refiere al personal pedagógico "regular" en la sala de clase. Especialistas que entran a la sala de clase específicamente para trabajar con uno o dos niños no cuentan para este indicador.

Pregunta

(7.2) ¿Alguna vez preparan actividades para sólo uno o dos niños, separados de las actividades del resto de los niños? Si éste es el caso, por favor dé ejemplos.

Inadecuado		Mínimo		Bueno		Excelente
1	2	3	4	5	6	7

6. Exhibiciones relacionadas con los niños

1.1 No hay materiales en exhibición para los niños.

1.2 Los materiales no son apropiados para el grupo de niños de edad predominante (p. ej., los materiales en las salas de clase preescolares son diseñados para niños mayores de edad escolar o para adultos; las imágenes muestran violencia).

3.1 Los materiales son apropiados* para el grupo de niños de edad predominante (p. ej., fotos de niños; canciones infantiles; lectura y matemáticas de principiantes para preescolares mayores y para niños del jardín infantil; exhibiciones estacionales).

3.2 Hay algún trabajo de los niños en exhibición.

5.1 Mucha de la exhibición se relaciona estrechamente a las actividades actuales y a los niños en el grupo (p. ej., arte o fotos de actividades recientes).†

5.2 La mayor parte de la exhibición es trabajo hecho por los niños.

5.3 Muchos de los artículos están exhibidos al nivel de los ojos de los niños.

7.1 El trabajo individualizado de los niños predomina.‡

7.2 Hay trabajo tridimensional hecho por los niños (p. ej., masa de amoldar, barro, carpintería) exhibido además del trabajo plano.

Notas para Clarificación

* Apropiado significa adecuado para el nivel de desarrollo del grupo de edad y las habilidades individuales de los niños. También se refiere a este concepto como apropiado en el desarrollo y se usa en varios ítems de la escala.

† Arte recién terminado pero que no está relacionado a otras actividades en la sala no cuenta para este indicador.

‡ Trabajo individualizado significa que cada niño ha seleccionado el tema y/o el medio y ha hecho el trabajo de su propia manera creativa. Así que los productos individualizados lucen bastante diferentes los unos de los otros. Los proyectos en los cuales los niños siguen el ejemplo de un maestro y poca creatividad es permitida no se consideran trabajos individualizados.

Inadecuado		Mínimo		Bueno		Excelente
1	2	3	4	5	6	7

. Espacio para el juego motor grueso*

.1 No hay espacio ni adentro ni afuera utilizado para el juego motor grueso o físico.

.2 El espacio para el juego motor grueso es muy peligroso (p. ej., el acceso requiere caminar mucho en una calle con mucho tránsito; el mismo espacio se usa para el juego y como un parqueo; los niños preescolares juegan en un área sin cerca).

3.1 Hay algún espacio adentro o afuera utilizado para el juego motor grueso o físico.

3.2 El espacio para el juego motor grueso es generalmente seguro† (p. ej., hay suficiente material de amortiguación debajo del equipo para escalar; el área de afuera está cercada).

5.1 Hay espacio adecuado afuera y algún espacio adentro.‡

5.2 El espacio es fácilmente accesible a los niños en grupo (p. ej., el espacio queda al mismo nivel y cerca de la sala de clase; no existen barreras para los niños con discapacidades).

5.3 El espacio está organizado para que las distintas actividades no interfieran las unas con las otras (p. ej., el juego con juguetes de ruedas está separado del equipo de escalar y del juego con pelotas).

7.1 El espacio de afuera para el juego motor grueso tiene una variedad de superficies permitiendo tipos de juegos diferentes (p. ej., arena, superficie negra, razgos de madera, hierba).

7.2 El área de afuera tiene alguna protección de la intemperie (p. ej., sombra en el verano, sol en el invierno, protección del viento, buen drenaje).

7.3 El espacio tiene elementos convenientes (p. ej., está cerca del baño y del agua potable; el almacenaje para el equipo es accesible; la clase tiene acceso directo al aire libre).

Notas para Clarificación

* Al evaluar el espacio para el juego motor grueso, incluya espacios adentro y afuera, menos cuando sólo uno está especificado en un indicador. Se deben considerar todas las áreas regularmente disponibles para el juego motor grueso, aunque no se observen niños en el área.

† Aunque ningún área de juego motor grueso que presente retos a los niños pueda estar completamente segura, el intento de este indicador es que las mayores causas de heridas serias sean minimizadas, como heridas ocasionadas por caídas, entrampamiento, presión sobre partes del cuerpo, y protuberancias del equipo.

‡ Para una calificación de 5, el espacio debe ser adecuado para el tamaño del grupo que está usando el área. Averigue si los grupos de clases se turnan o si varios grupos usan el espacio al mismo tiempo. Algún espacio al interior debe estar disponible para el juego motor grueso, especialmente cuando hace mal tiempo. Este espacio puede ser normalmente usado para otras actividades. Cuando sea necesario por razones del ambiente (p. ej., condiciones del tiempo extremas o polución, condiciones sociales peligrosas) se les puede dar un 5 a las facilidades si tienen espacio adecuado en el interior y algún espacio al exterior.

Pregunta

(5.1) ¿Hay algún espacio al interior que se usa para el juego motor grueso, especialmente cuando hace mal tiempo?

Inadecuado		Mínimo		Bueno		Excelente
1	2	3	4	5	6	7

8. Equipo para actividades motoras gruesas*

1.1 Hay muy poco equipo disponible para juegos de actividades motoras gruesas.

1.2 El equipo está generalmente en malas condiciones.

1.3 La mayor parte del equipo no es apropiada para la edad y la habilidad de los niños (p. ej., un tobogán abierto de 6 pies de alto para los niños preescolares; un cesto de baloncesto para adultos).

3.1 Hay algún equipo para actividades motoras gruesas accesible a todos los niños por un mínimo de una hora al día.†

3.2 El equipo está generalmente en buenas condiciones.

3.3 La mayor parte del equipo es apropiada para la edad y la habilidad de los niños.

5.1 Hay suficiente equipo para actividades motoras gruesas para que los niños tengan acceso sin larga espera.

5.2 El equipo estimula una variedad de habilidades (p. ej., el equilibrio, escalar, el juego de pelota, juguetes de conducir y pedalear).

5.3 Se han hecho adaptaciones‡ o equipo especial para los niños en el grupo con discapacidades. *NA permitido.*

7.1 Se usa el equipo para actividades motoras gruesas estacionario tanto como el equipo portátil.

7.2 El equipo de uso motor grueso estimula las habilidades a diferentes niveles (p. ej., triciclos con y sin pedales; pelotas de distintos tamaños; acceso al equipo de escalar por rampa y escalera).

Notas para Clarificación

* Ejemplos del equipo de uso motor grueso: **equipo estacionario** como columpios, toboganes, equipo de escalar, escaleras suspendidas; **equipo portátil** como pelotas y equipo de deportes, juguetes con ruedas, esteras de gimnasio, cuerdas de saltar, bolsas rellenas de pelotitas de poli estireno, y juego de tirar argollas. Al calificar el equipo para actividades motoras gruesas, considere el equipo adentro y afuera.

† Para los programas de 4 horas o menos, por lo menos media hora de acceso es requerida.

‡ Las adaptaciones incluyen modificaciones físicas al equipo existente o equipo especialmente diseñado así como la ayuda del personal para permitirles a los niños con discapacidades de tener experiencias motoras gruesas parecidas a las de sus compañeros. Califique NA si en el grupo observado no hay ningún niño matriculado que requiere adaptaciones.

Inadecuado		Mínimo		Bueno		Excelente
1	2	3	4	5	6	7

RUTINAS DEL CUIDADO PERSONAL

9. Recibimiento/Despedida*

1.1 Muchas veces se olvida saludar a los niños.

1.2 La despedida no está bien organizada.

1.3 No se les permite a los padres acompañar a los niños dentro de las salas de clase.

3.1 Se saluda a la mayor parte de los niños afectuosamente (p. ej., los miembros del personal parecen estar contentos de ver a los niños, sonríen, y usan un tono de voz agradable).

3.2 La despedida está bien organizada (p. ej., las cosas de los niños están listas para cuando se vayan).

3.3 Se les permite a los padres acompañar a los niños dentro de las salas de clase.

5.1 Se saluda a cada niño individualmente (p. ej., el personal dice "hola" y usa el nombre del niño; se usa el idioma primario del niño hablado en la casa para decir "hola").

5.2 La despedida es agradable (p. ej., no se apuran a los niños, hay abrazos y despedidas para todos).

5.3 El personal recibe calurosamente a los padres.†
NA permitido.

7.1 Cuando llegan, se ayuda a los niños a entrar en actividades, si es necesario.

7.2 Los niños están ocupados con actividades hasta la despedida (p. ej., no hay espera larga sin actividades; se les permite a los niños de llegar a un punto cómodo para parar de jugar).

7.3 El personal aprovecha el tiempo del recibimiento y de la despedida para intercambiar información con los padres.†
NA permitido.

Notas para Clarificación

* En el caso de que sólo se observe a algunos niños siendo saludados a su llegada (o despedidos), generalice basado en esa muestra.

† Si los padres no traen a los niños al programa, marque NA para el 5.3 y el 7.3, y califique la comunicación entre padres y el personal en el ítem 38. Para el 5.3 y el 7.3, no es necesario que se reciban afectuosamente o que se les de información a todos los padres, pero que en general, se trate a los padres de esta manera.

Pregunta
¿Puede describir lo que ocurre cada día cuando llegan y se van los niños con sus padres?

Inadecuado		Mínimo		Bueno		Excelente
1	2	3	4	5	6	7

10. Comidas/meriendas

1.1 El horario de las comidas/las meriendas no es apropiado (p. ej., se hace esperar al niño aunque tenga hambre).

1.2 La comida que se sirve es de valor nutritivo inaceptable.*

1.3 Normalmente no se mantienen las condiciones sanitarias (p. ej., muchos niños y/o adultos no se lavan las manos antes de manipular comida; las mesas no están limpias; las áreas del baño/de poner pañales y de la preparación de la comida no están separadas).

1.4 Existe un ambiente social negativo (p. ej., el personal es muy estricto con los buenos modales; se le fuerza al niño a comer; hay un ambiente caótico).

1.5 No se tienen en cuenta las alergias de los niños a ciertas comidas.
NA permitido.

3.1 El horario de las comidas/las meriendas es apropiado para los niños.

3.2 Las comidas/las meriendas están bien balanceadas.*

3.3 Normalmente se mantienen condiciones sanitarias.†

3.4 Existe un ambiente no punitivo durante las comidas/las meriendas.

3.5 Las alergias están apuntadas y se sustituyen comidas o bebidas.
NA permitido.

3.6 Se incluye a los niños con discapacidades en la mesa con los otros niños.
NA permitido.

5.1 La mayor parte del personal se sienta con los niños durante las comidas y las meriendas en grupo.‡

5.2 Existe un ambiente social agradable.

5.3 Los niños son animados a comer independientemente (p. ej., se les dan a los niños cubiertos *de comer* del tamaño para niños, se le da a un niño con discapacidades una cuchara o copa especial).

5.4 Se siguen las restricciones dietéticas impuestas por la familia.
NA permitido.

7.1 Los niños ayudan durante las comidas/las meriendas (p. ej., ponen la mesa, se sirven a sí mismos, recogen la mesa, limpian embarros).

7.2 Los niños usan cubiertos *de servir* del tamaño para niños para hacerles más fácil servirse (p. ej., los niños usan jarros pequeños, fuentes de servir y cucharas fuertes).

7.3 Las comidas y meriendas son tiempos de conversación (p. ej., el personal anima a los niños a hablar de los acontecimientos del día y de las otras cosas que les interesan a los niños; los niños hablan entre sí).

Notas para Clarificación

* Para determinar si la comida es suficientemente nutritiva, refiérase a las normas de nutrición para los programas de infancia temprana, como las normas canadienses o la USDA. Verifique el menú de la semana además de observar la comida que se sirve. Una ocasión especial en donde no se observa las normas – por ejemplo, una torta para una fiesta de cumpleaños en vez de la merienda prevista – no debe afectar la calificación. Si no hay un menú a mano, pídale al maestro que le describa las comidas/ las meriendas que se sirvieron durante la semana previa.

† Si se mantiene normalmente condiciones sanitarias y si los procedimientos sanitarios como lavarse las manos son claramente parte del programa, se puede dar crédito para el 3.3 aunque haya un lapso en la práctica de vez en cuando.

‡ Aunque el personal tenga que dejar la mesa para servir, debe pasar la mayor parte del tiempo sentado con los niños. No es necesario que cada mesa tenga un miembro del personal. Algunos miembros del personal pueden ayudar a servir mientras otros se quedan sentados con los niños.

Pregunta
(1.5, 3.5, 5.4) ¿Qué hacen si los niños tienen alergias a la comida o si las familias imponen restricciones dietéticas?

18

Inadecuado		Mínimo		Bueno		Excelente
1	2	3	4	5	6	7

11. Siesta/descanso*

1.1 El horario de la siesta/el descanso es inadecuado† para la mayor parte de los niños.

1.2 Las condiciones para la siesta/ el descanso no son sanitarias (p. ej., área atestada, sábanas sucias, distintos niños usan las mismas sábanas).

1.3 Hay poca supervisión, o la supervisión es severa.

3.1 La siesta/el descanso está bien programada para la mayor parte de los niños. (La mayor parte de los niños duerme).

3.2 Las condiciones para la siesta/ el descanso son sanitarias (área no atestada, sábanas limpias).

3.3 Hay suficiente supervisión‡ en la sala durante la siesta/el descanso.

3.4 La supervisión es tranquila y no es punitiva.

5.1 Se ayuda a los niños a relajarse (p. ej., un peluche, música bajita, se les frota la espalda).

5.2 El espacio es conducente al descanso (p. ej., poca luz, tranquilo, los catres puestos para la privacidad).

5.3 Todos los catres o colchonetas tienen al menos 3 pies de distancia entre ellos o están separados por una barrera sólida.

7.1 El horario de la siesta/el descanso es flexible para acomodar a las necesidades individuales (p. ej., se le da a un niño cansado un lugar donde descansar durante la hora de jugar).

7.2 Se hacen provisiones para los que se levantan temprano y para los que no toman siesta (p. ej., los que se levantan temprano pueden leer o jugar sin hacer ruido; se usa otro espacio y actividades separadas para los que no toman siesta).

Notas para Clarificación

* Marque NA en este ítem para programas de 4 horas o menos que no ofrecen una siesta o un descanso. Para programas más largos, la siesta/el descanso debe estar basada en la edad y las necesidades individuales de los niños.

† Un programa inadecuado significa que la siesta/el descanso cae o muy tarde o muy temprano (p. ej., los niños están cansados mucho antes de la hora de siesta o no están listos para dormir), o se deja que los niños duerman o se exige que los niños estén en sus catres demasiado tiempo (más de 2 horas y media), lo que puede interferir con las rutinas de las familias a la hora de acostarse.

‡ Suficiente supervisión significa que hay bastante personal presente para proteger la seguridad de los niños en caso de emergencia y para ayudar a los niños que se despiertan o necesitan ayuda. Siempre hay por lo menos un miembro del personal alerta en la sala.

Preguntas

¿Puede describir cómo se maneja la siesta o el descanso?

(3.3) ¿Cómo se organiza la supervisión durante este tiempo?

(3.4, 7.2) ¿Qué hacen si los niños se cansan antes de la hora de la siesta, tienen dificultad en tranquilizarse, o se despiertan temprano?

(5.3) ¿A qué distancia están los catres o las colchonetas entre ellas?

Inadecuado		Mínimo		Bueno		Excelente
1	2	3	4	5	6	7

12. Ir al baño/poner pañales

1.1 No se mantienen condiciones sanitarias en el área (p. ej., los inodoros/los lavamanos están sucios; la mesa de poner pañales/las bacinillas no son sanitizadas después de cada uso; rara vez se pasa el agua en los inodoros).

1.2 Una falta de provisiones básicas interfiere con el cuidado de los niños* (p. ej., no hay papel sanitario o jabón; la misma toalla es usada por muchos niños; no hay agua corriente en el área).

1.3 Muchas veces el personal o los niños se olvidan de lavarse las manos† después de ir al baño o poner pañales.

1.4 La supervisión de los niños es inadecuada‡ o desagradable.

3.1 Se mantienen condiciones sanitarias.

3.2 Se toman provisiones básicas para el cuidado de los niños.

3.3 El personal y los niños se lavan las manos† la mayor parte de las veces que van al baño.

3.4 El horario de ir al baño acomoda a las necesidades individuales de los niños.

3.5 La supervisión de los niños es adecuada para sus edades y habilidades.

5.1 Las condiciones sanitarias son fáciles de mantener (p. ej., no se usan basiniñas** , hay agua corriente cálida cerca de la mesa de poner pañales y el baño; las superficies son fáciles de limpiar).

5.2 Las provisiones son convenientes y están accesibles a los niños en el grupo (p. ej., hay escalones cerca del lavamanos o del inodoro si es necesario; hay una barandilla para los niños con discapacidades físicas; el baño queda contiguo a la sala).

5.3 La interacción entre el personal y los niños es agradable.

7.1 Los inodoros y los lavamanos son de un tamaño†† adecuado para los niños.

7.2 Se promueve la autosuficiencia tan pronto los niños estén listos.

Notas para Clarificación

* En caso de que se necesiten procedimientos especiales tales como pañales para un niño mayor o el uso de un catéter, se deben hacer de manera sanitaria que preserva la dignidad del niño.

† Suponga que el lavarse las manos que se ve durante la observación es típico de lo que ocurre durante el día. Base su calificación para el 1.3 y el 3.3 en lo que ve. Dé crédito para el 3.3 si los adultos y los niños se lavan las manos 75% de las veces que haga falta. Los adultos deben lavarse las manos aunque usen guantes.

‡ Supervisión inadecuada significa que el personal no vigila para proteger la seguridad de los niños o para asegurar que se mantengan procedimientos sanitarios (p. ej., lavarse las manos).

** Como las basiniñas son un peligro para la salud, se deben evitar para el uso general. En los casos raros cuando se necesite el uso de una basiniña, se le puede dar crédito hacia una calificación de 5 si la basiniña se usa sólo para el niño con necesidad especial y si se desinfecta después de cada uso.

†† Se consideran los lavamanos y los inodoros de un tamaño adecuado para los niños si son considerablemente más pequeños o bajos que esos de un tamaño regular, y si los niños los pueden usar de manera cómoda y sin modificaciones como asientos de inodoros y escalones.

Inadecuado		Mínimo		Bueno		Excelente
1	2	3	4	5	6	7

13. Prácticas de salud

1.1 Normalmente, el personal no actúa para reducir la propagación de los microbios* (p. ej., hay evidencia de la contaminación animal en las áreas de juego adentro y afuera; no se limpian las narices de los niños; no se botan apropiadamente los pañuelos y pañales sucios; preparar la comida y poner pañales o ir al baño se hacen cerca uno del otro).

1.2 Se permite fumar en áreas donde se cuida a niños, adentro o afuera.

3.1 El personal y los niños se lavan las manos adecuadamente† después de limpiar narices, después de agarrar animales, o cuando se ensucian de otra manera.

3.2 Normalmente, el personal actúa para reducir la propagación de microbios.

3.3 No se fuma en áreas donde se cuida a los niños.

3.4 Se usan procedimientos para minimizar la propagación de enfermedades contagiosas (p. ej., asegurar que los niños tengan inmunizaciones; la exclusión de niños con enfermedades contagiosas; el personal se hace pruebas de tuberculosis por lo menos cada 2 años).

5.1 Los niños están vestidos adecuadamente para condiciones adentro y afuera (p. ej., se les cambia la ropa mojada en un día fresco; llevan ropa abrigada en tiempo frío).

5.2 El personal sirve como buen modelo de las prácticas de salud (p. ej., sólo comen comidas saludables en frente de los niños; revisan y pasan el agua de los inodoros en los baños de los niños).

5.3 Se cuida la apariencia de los niños (p. ej., las caras lavadas, la ropa sucia cambiada, delantares usados cuando el juego embarra).

7.1 Se les enseña a los niños a manejar las prácticas de salud individualmente (p. ej., se les enseña técnicas de lavarse las manos adecuadamente, a ponerse sus propios abrigos o delantares; se les recuerda de pasar el agua del inodoro; se usan libros, imágenes y juegos relacionados a la salud).

7.2 Los cepillos de dientes individuales están bien marcados y guardados; se usan por lo menos una vez durante los programas que duran el día entero‡ (p. ej., se guardan los cepillos de dientes de manera que no se toquen y que se sequen al aire).
NA permitido.

Notas para Clarificación

* Las áreas en donde se ha derramado sangre o otros líquidos del cuerpo deben ser limpiadas y desinfectadas. Se debe usar guantes para limpiar sangre.

† Lavarse las manos adecuadamente significa que las manos se lavan a fondo con jabón y agua corriente, y se secan con una toalla que no se comparte, o las manos se secan con un soplador de aire. Como el lavarse las manos en horas de comida y después de ir al baño se califica en otros ítems, califique el 3.1 a base de todas las otras situaciones que requieren el lavarse las manos. Dé crédito para el 3.1 sólo si usted observa que las manos se lavan 75% del tiempo que haga falta. Se puede usar lavado antiséptico sin agua o paños cuando sea necesario, como cuando se limpie una nariz en el patio de recreo.

‡ Califique NA para programas que están abiertos 6 horas o menos al día.

Preguntas

(3.4) ¿Cómo se aseguran que los niños tengan las inmunizaciones necesarias? ¿Tienen reglas para excluir a niños con enfermedades contagiosas? Por favor descríbalas. ¿Se exige que el personal se haga pruebas de tuberculosis? ¿Con qué frecuencia?

(7.2) ¿Los niños se cepillan los dientes? ¿Cómo se maneja esto? (Pida ver los cepillos de dientes.)

Inadecuado		Mínimo		Bueno		Excelente
1	2	3	4	5	6	7

14. Prácticas de seguridad

1.1 Hay varios peligros adentro* que pudieran resultar en una herida seria.

1.2 Hay varios peligros afuera† que pudieran resultar en una herida seria.

1.3 Hay supervisión inadecuada para proteger la seguridad de los niños dentro y fuera de la sala de clase (p. ej., hay muy poco personal; el personal está ocupado con otros quehaceres; no hay supervisión cerca de áreas de peligro potencial; no hay procedimientos de registro a la llegada y a la hora de irse).

3.1 No hay peligros mayores para la seguridad dentro o fuera de la sala de clase.

3.2 Hay supervisión adecuada para proteger la seguridad de los niños adentro y afuera.

3.3 Las cosas esenciales para responder a las emergencias están disponibles (p. ej., un teléfono, números de emergencia, personal suplente, botiquín de urgencia, transporte, procedimientos de emergencia escritos).

5.1 El personal anticipa y toma acción para prevenir problemas de seguridad (p. ej., quitan juguetes de debajo del equipo de escalar; cierran con seguro áreas peligrosas para que los niños no entren; limpian cuando algo se derrama para evitar caídas).

5.2 El personal les explica a los niños las razones para las reglas de seguridad.

7.1 Las áreas de juego están arregladas para evitar problemas de seguridad (p. ej., los niños menores juegan en un área separada o a otra hora; el equipo de jugar afuera es de un tamaño y de un nivel de desafío adecuado).

7.2 Los niños generalmente siguen las reglas de seguridad (p. ej., no se suben demasiados niños en los toboganes, no se encaraman en los estantes).

Notas para Clarificación

No se pretende que la siguiente lista de peligros mayores sea completa. Asegúrese de anotar todos los problemas de seguridad en la Hoja de Calificación.

Algunos problemas de seguridad al interior de la sala de clase:

- Los tomacorrientes no tienen tapas de seguridad
- Hay cordones eléctricos sueltos
- Hay objetos o muebles pesados que un niño pueda tumbar
- Las medicinas, los materiales de limpieza, y otras substancias marcadas "mantenga fuera del alcance de los niños" no están bajo llave
- Las asas de las ollas encima del fogón están accesibles a los niños
- Los controles del fogón están accesibles
- La temperatura del agua está muy caliente
- Hay colchonetas o alfombras que se deslizan
- Hay un fogón o una chimenea en uso que no está protegido
- Las escaleras abiertas están accesibles
- Las áreas de juego quedan en frente de puertas

† *Algunos problemas de seguridad fuera de la sala de clase*:

- Las herramientas que no son para el uso de los niños están accesibles
- Cualquier sustancia marcada "mantenga fuera del alcance de los niños" no está bajo llave
- Hay objetos afilados o peligrosos presentes
- Hay escaleras o caminos peligrosos
- Hay acceso fácil a la calle
- Hay basura peligrosa accesible
- El equipo de juego está muy alto, no está bien mantenido, o no está fijado
- El equipo de juego puede atrapar o herir a un niño por sus puntos de unión o proyecciones

Pregunta

(5.2) ¿Les hablan a los niños de la seguridad? ¿Qué tipos de cosas discuten?

Inadecuado		Mínimo		Bueno		Excelente
1	2	3	4	5	6	7

LENGUAJE – RAZONAMIENTO

15. Libros e imágenes

1.1 Hay muy pocos libros accesibles.

1.2 El personal rara vez les lee a los niños (p. ej., no hay hora de cuento diaria, hay poca lectura individual para los niños).

3.1 Hay algunos libros accesibles a los niños (p. ej., durante la hora de juego libre, hay suficientes libros para evitar conflicto).

3.2 Hay por lo menos una actividad al día de lenguaje receptivo iniciada por el personal (p. ej., leyéndoles libros a los niños,* contando un cuento, usando tableros de franela para contar cuentos).

5.1 Una variedad de libros† está accesible por una parte considerable del día.

5.2 Se usan algunos materiales de lenguaje adicionales‡ cada día.

5.3 Los libros están organizados en un centro de lectura.

5.4 Los libros, los materiales de lenguaje, y las actividades son apropiados** para los niños en el grupo.

5.5 El personal les lee libros a los niños en situaciones informales (p. ej., durante el juego libre, a la hora de la siesta, como extensión de una actividad).

7.1 Se alternan los libros y los materiales de lenguaje para mantener el interés.

7.2 Algunos libros se relacionan a las actividades o a los temas actuales de la clase (p. ej., se sacan libros de la biblioteca sobre los temas de cada temporada).

Notas para Clarificación

* La lectura se puede hacer en grupos pequeños o más grandes, dependiendo de la habilidad de los niños para atender al cuento

† Una variedad de libros incluye: una variedad de temas; información de fantasía y de hechos; historias de personas, animales, y ciencia; libros que reflejan culturas y habilidades diferentes

‡ Ejemplos de materiales del lenguaje adicionales son carteles e imágenes, cuentos en tableros de franela, juegos de cartas con imágenes, y canciones y cuentos grabados.

** Ejemplos de materiales y actividades apropiadas incluyen libros más simples leídos con los niños menores, materiales con letra grande para los niños que tienen la vista afectada; libros en los idiomas primarios de los niños; juegos de rimas para los niños mayores

Preguntas

(7.1) ¿Hay algunos otros libros que se usan con los niños? ¿Cómo se maneja esto?

(7.2) ¿Cómo escogen los libros?

Inadecuado		Mínimo		Bueno		Excelente
1	2	3	4	5	6	7

16. Estimulando la comunicación en los niños*

1.1 El personal no usa actividades con los niños que estimulen la comunicación (p. ej., no se habla de los dibujos, no se hace dictado de cuentos, no se comparten ideas en círculo, no se hacen obras de teatro con los dedos, no se canta).

1.2 Hay muy pocos materiales accesibles† para estimular la comunicación en los niños.

3.1 El personal usa algunas actividades con los niños para estimular la comunicación.

3.2 Hay algunos materiales accesibles para animar a los niños a comunicarse.

3.3 Las actividades de comunicación son generalmente apropiadas para los niños en el grupo.

5.1 Las actividades de comunicación ocurren durante el juego libre y en el tiempo en grupo (p. ej., un niño dicta un cuento sobre como pintar; un grupo pequeño discute sobre una excursión a una tienda).

5.2 Los materiales que estimulan la comunicación en los niños están accesibles en una variedad de centros de interés (figuritas y animalitos en el área de los bloques; marionetas y pedazos de tablones de franela en el área de los libros; juguetes para el juego dramático afuera o adentro).

7.1 El personal mantiene el equilibrio entre el escuchar y hablar apropiadamente para la edad y las habilidades de los niños durante las actividades de comunicación (p. ej., dejan tiempo para que los niños respondan; verbalizan para los niños con habilidades de comunicación limitadas).

7.2 El personal conecta la comunicación oral de los niños con el lenguaje escrito (p. ej., escribe lo que dicen los niños y se lo lee; les ayuda a escribir notitas a sus padres).

Notas para Clarificación

* Los niños de distintas edades y habilidades o los niños que hablan un idioma primario diferente del idioma que se habla en la clase requieren métodos distintos para estimular la comunicación. Se deben incluir actividades aceptables para los niños que hablan otro idioma primario o los que requieren métodos de comunicación alternativos, como el lenguaje por señas o el uso de aparatos de comunicación aumentativos.

† Los materiales para animar el lenguaje expresivo incluyen teléfonos de juguete, marionetas, cuentos en tableros de franela, muñecas y accesorios del juego dramático, figuritas y animalitos; tablones de comunicación y otros aparatos que ayudan a los niños con discapacidades.

Preguntas

(7.2) ¿Hacen algo para ayudar a los niños a ver que lo que dicen puede ser escrito y leído por otros? Por favor dé algunos ejemplos.

17. Usando el lenguaje para desarrollar las habilidades del razonamiento

1.1 El personal no le habla a los niños de relaciones lógicas (p. ej., ignoran las preguntas y las curiosidades de los niños sobre por qué ocurren las cosas, no llaman la atención de los niños por la secuencia de las actividades diarias, las diferencias y semejanzas en número, tamaño, forma; causa y efecto).

1.2 Los conceptos* son introducidos inapropiadamente (p. ej., los conceptos son muy difíciles para las edades y las habilidades de los niños; se usa un método de enseñanza inapropiado como hojas de práctica sin experiencias concretas; el maestro les da las respuestas a los niños sin ayudarlos a solucionar las cosas).

3.1 Algunas veces, el personal habla de relaciones lógicas o de conceptos (p. ej., explica que el tiempo fuera de la sala de clase viene después de las meriendas; hace notar las diferencias entre los tamaños de los bloques que usan los niños).

3.2 Algunos conceptos son introducidos apropiadamente para las edades y las habilidades de los niños en el grupo, usando palabras y experiencias concretas (p. ej., guiar a los niños con preguntas y palabras para separar los bloques grandes de los pequeños o para solucionar la causa de por qué el hielo se derrite).

5.1 El personal habla de las relaciones lógicas mientras que los niños juegan con materiales que estimulan el razonamiento (p. ej., cartas en serie, juegos de semejanzas/ diferencias, juguetes de tamaños y formas, juegos de separar, juegos de números y matemáticas).

5.2 Los niños son alentados a discutir o explicar el proceso de razonamiento que usan en solucionar problemas (p. ej., por qué separaron los objetos en grupos distintos; en qué manera dos imágenes son parecidas o diferentes).

7.1 El personal alienta a los niños a razonar durante el día, usando acontecimientos y experiencias reales como base del desarrollo del concepto (p. ej., los niños aprenden sobre secuencia al hablar de sus experiencias en la rutina diaria o al recordar la secuencia de un proyecto de cocina).

7.2 Los conceptos son introducidos en respuesta a los intereses de los niños o a sus necesidades para solucionar problemas (p. ej., se les habla a los niños mientras tratan de mantener en equilibrio un edificio alto de bloques; se les ayuda a calcular cuántas cucharas se necesitan para poner la mesa).

Notas para Clarificación
* Los conceptos incluyen semejanzas/diferencias, emparejar, clasificar, ordenar en secuencia, correspondencia perfecta, relaciones espaciales, causa y efecto

Inadecuado		Mínimo		Bueno		Excelente
1	2	3	4	5	6	7

18. Uso informal del lenguaje*

1.1 El personal habla con los niños principalmente para controlar su comportamiento y para manejar rutinas.

1.2 El personal rara vez responde a la conversación de los niños.

1.3 Se desalienta la conversación de los niños durante la mayor parte del día.

3.1 Hay alguna conversación† entre el personal y los niños (p. ej., se les hace preguntas de respuestas "si/no" o cortas; dan respuestas cortas a las preguntas de los niños).

3.2 Se permite hablar a los niños durante la mayor parte del día.

5.1 Hay muchas conversaciones entre el personal y los niños durante el juego libre y durante las rutinas.

5.2 El personal usa el lenguaje principalmente para cambiar información con los niños y para la interacción social.

5.3 El personal añade información para ampliar‡ las ideas presentadas por los niños.**

5.4 El personal alienta la conversación entre los niños, incluyendo los niños con discapacidades (p. ej., les recuerdan a los niños que deben escucharse unos a otros; les enseñan a todos los niños el lenguaje por señas si un compañero de clase usa este lenguaje).

7.1 El personal tiene conversaciones individuales con la mayor parte de los niños.**

7.2 Se les hace preguntas a los niños para alentarlos a dar respuestas más largas y complejas** (p. ej., se les hacen preguntas de "qué" o "dónde" a los niños más pequeños, y preguntas de "por qué" o "cómo" a los niños mayores).

Notas para Clarificación

* Cuando hay varios miembros del personal trabajando con los niños, base la calificación para este ítem en el impacto total de la comunicación del personal con los niños. La intención de este ítem es que se responda a la necesidad de los niños por la estimulación del lenguaje.

† Para obtener crédito por "conversación," el personal y los niños se deben escuchar y hablar/responder mutuamente. Esto es diferente de la comunicación en una dirección como dar instrucciones o mandatos. Para los niños con menos habilidad verbal, la respuesta puede incluir gestos, el lenguaje por señas, o dispositivos de comunicación en vez de palabras.

‡ Ampliar significa que el personal responde verbalmente para añadir más información a lo que dice un niño. Por ejemplo, un niño dice, "Mira este camión," y el maestro responde, "es un camión volquete rojo. Mira, tiene un lugar para cargar cosas."

** Para dar crédito por estos indicadores, se deben observar varias instancias.

Inadecuado		Mínimo		Bueno		Excelente
1	2	3	4	5	6	7

ACTIVIDADES

19. Motoras Finas

1.1 Hay muy pocos materiales de uso motor fino que son apropiados para el nivel de desarrollo de los niños accesibles para el uso diario.

1.2 Los materiales de uso motor fino están generalmente en malas condiciones o incompletos (p. ej., les faltan piezas a los rompecabezas, hay pocas clavijas para el tablero de clavijas).

3.1 Hay algunos materiales de uso motor fino de cada tipo* accesibles que son apropiados para el nivel de desarrollo de los niños.

3.2 La mayor parte de los materiales está en buenas condiciones y completa.

5.1 Hay muchos materiales de uso motor fino de cada tipo que son apropiados para el nivel de desarrollo de los niños accesibles por una parte considerable del día.

5.2 Los materiales están bien organizados (p. ej., las clavijas y sus tableros están guardados juntos, los juguetes de construcción están separados).

5.3 Hay materiales accesibles de diferentes niveles de dificultad (p. ej., rompecabezas regulares y con protuberancias para niños de habilidades motoras finas variadas).

7.1 Se alternan los materiales para mantener el interés (p. ej., se guardan los materiales que ya no atraen interés, se sacan materiales distintos).

7.2 Los recipientes y los estantes de guardar cosas están marcados para fomentar la autosuficiencia (p. ej., se usan imágenes o formas para marcar los recipientes y los estantes; para los niños mayores se marcan con palabras).

Notas para Clarificación

* Hay varios tipos distintos de materiales de uso motor fino, incluyendo **juguetes de construcción pequeños** como los bloques que se conectan y los *Lincoln logs*; **materiales de arte** como creyones y tijeras; **manipulativos** como cuentas de diferentes tamaños para ensartar, clavijas y tableros de clavijas, cartas de coser; y **rompecabezas**.

Preguntas

(5.1) ¿Cuándo están accesibles para uso por los niños los manipulativos y otros materiales de uso motor fino?

(7.1) ¿Usan algunos otros materiales de uso motor fino con los niños? ¿Cómo se maneja esto?

Inadecuado		Mínimo		Bueno		Excelente
1	2	3	4	5	6	7

20. Arte*

1.1 Rara vez hay actividades de arte disponibles a los niños.

1.2 No se permite la expresión individual† en las actividades de arte (p. ej., hay hojas de colorear; proyectos dirigidos por los maestros en donde se les pide a los niños copiar un ejemplo).

3.1 Hay algunos materiales de arte accesibles por un mínimo de una hora al día.‡

3.2 Se permite alguna expresión individual con los materiales de arte (p. ej., se les permite a los niños decorar en su propia manera formas precortadas; además de los proyectos dirigidos por los maestros, se permite algún trabajo individualizado).

5.1 Hay muchos y varios materiales de arte accesibles por una parte considerable del día.

5.2 Se permite mucha expresión individual en el uso del material de arte (p. ej., se usan en raras ocasiones proyectos en los cuales se sigue un ejemplo; los trabajos de los niños son variados e individuales).

7.1 Se incluyen materiales de arte tridimensionales por lo menos una vez al mes (p. ej., barro, masa de amoldar, pegar madera, carpintería).

7.2 Se relacionan algunas actividades de arte con otras experiencias de la clase (p. ej., hay pinturas en los colores del otoño cuando se está aprendiendo sobre las estaciones; se les pide a los niños que hagan una ilustración después de una excursión).

7.3 Se hacen provisiones para que los niños mayores de cuatro años puedan seguir con una actividad de arte durante varios días (p. ej., se guarda el proyecto para que pueda continuar el trabajo; se fomenta el trabajo en proyectos de varios pasos). *NA permitido.*

Notas para Clarificación

* Ejemplos de materiales de arte: ***materiales de dibujar*** como papel, creyones, rotuladores, lápices gruesos; ***pinturas; materiales tridimensionales*** como masa de amoldar, barro, pegar madera, o carpintería; ***materiales de hacer collages; herramientas*** como tijeras seguras, grapadoras, aparatos de hacer huecos, dispensores de cinta adhesiva.

† La "expresión individual" significa que cada niño puede seleccionar el tema y/o el medio de arte, y hacer el trabajo de su propia manera. Se consideran "expresión individual" varias pinturas, cada una diferente de la otra porque no se les ha pedido a los niños que imiten un modelo o no se les ha asignado un tema para pintar.

‡ En grupos con niños menores de tres años o con ciertos retrasos del desarrollo, el personal puede sacar materiales para hacerlos accesibles diariamente con la supervisión cercana por el tiempo que dure el interés. Pueden hacer falta algunas adaptaciones para hacer los materiales de arte accesibles a los niños con discapacidades

Preguntas

(7.1) ¿Alguna vez se usan materiales de arte tridimensionales como el barro o la madera para pegar? ¿Si se usan, con qué frecuencia?

(7.2) ¿Cómo deciden qué actividades ofrecerles a los niños?

(7.3) ¿Ofrecen actividades de arte que los niños pueden hacer durante varios días? Por favor describa algunos ejemplos.

Inadecuado		Mínimo		Bueno		Excelente
1	2	3	4	5	6	7

21. Música/movimiento

1.1 No hay experiencias de música o de movimiento para los niños.

1.2 Por gran parte del día, hay música de fondo alta e interfiere con las actividades (p. ej., la música de fondo constante hace difícil la conversación en tonos normales; la música levanta el nivel de ruido).

3.1 Hay algunos materiales de música accesibles a los niños (p. ej., instrumentos simples; juguetes de música; grabadora con cintas).

3.2 El personal inicia por lo menos una actividad de música al día (p. ej., cantar con los niños, poner música suave a la hora de tomar la siesta, poner música para bailar).

3.3 Se hacen algunas actividades de movimiento/baile por lo menos semanalmente (p. ej., marchando o moviéndose con la música; dramatizando movimientos de canciones o rimas; se les dan a los niños pañuelos para que bailen con ellos al ritmo de la música).

5.1 Hay muchos materiales de música accesible a los niños (p. ej., hay un centro de música con instrumentos, hay una grabadora, hay accesorios del baile, se hacen adaptaciones para los niños con discapacidades).

5.2 Se usan varios tipos de música con los niños (p. ej., la música clásica y popular; la música característica de distintas culturas; algunas canciones cantadas en idiomas diferentes).

7.1 Se ofrece diariamente música como selección libre y como actividad en grupo.

7.2 Se ofrecen de vez en cuando* actividades de música que extienden el entendimiento de la música de los niños (p. ej., se invita a alguien a tocar un instrumento; los niños hacen instrumentos musicales; el personal prepara una actividad para ayudar a los niños a distinguir tonos distintos).

7.3 Se fomenta la creatividad con las actividades de música (p. ej., se les pide a los niños inventar nuevas palabras para las canciones; se fomenta el baile individual).

Notas para Clarificación
* Para este indicador, "de vez en cuando" significa por lo menos 3–4 veces al año.

Preguntas
¿Cómo manejan la música con los niños?

(3.2) ¿Con qué frecuencia hacen actividades de música con los niños?

(3.3) ¿Los niños hacen actividades de baile o de movimiento? ¿Con qué frecuencia se hace esto?

(5.2) ¿Qué tipos de música usan con los niños?

(7.2) ¿Hacen alguna vez actividades de música especiales?

(7.3) ¿Hay oportunidades para que los niños hagan actividades de música a su propia manera?

Inadecuado		Mínimo		Bueno		Excelente
1	2	3	4	5	6	7

22. Bloques*

1.1 Hay pocos bloques accesibles a los niños para jugar.

3.1 Hay suficientes bloques y accesorios† para que por lo menos dos niños construyan estructuras independientes al mismo tiempo.

3.2 Se usa algún espacio desocupado del piso para el juego con bloques.

3.3 Los bloques y los accesorios están accesibles para el uso diario.

5.1 Hay suficientes bloques y accesorios† para que por lo menos tres niños construyan estructuras independientes al mismo tiempo.

5.2 Los bloques y los accesorios están organizados de acuerdo a su tipo.

5.3 Hay un área especial separada para los bloques, fuera del tráfico, con almacenaje y una superficie de construcción adecuada (p. ej., una alfombra plana u otra superficie estable).

5.4 El área de bloques es accesible por una parte considerable del día.

7.1 Hay por lo menos dos tipos de bloques y una variedad de accesorios accesibles diariamente (p. ej., grandes y pequeños; caseros y comerciales).

7.2 Se guardan los bloques y los accesorios en estantes abiertos marcados (p. ej., marcados con una imagen o el contorno de bloques).

7.3 Hay algún juego de bloques afuera.

Notas para Clarificación

* Los bloques son materiales adecuados para la construcción de estructuras bastante grandes. Los tipos de bloques son **bloques en unidades** (de madera o plástico, incluyendo formas como rectángulos, cuadros, triángulos, y cilindros); **bloques grandes huecos** (de madera, de plástico, o de cartón); **bloques caseros** (hechos de materiales como cartones de comida y recipientes de plástico). Note que los bloques pequeños, incluyendo los que se conectan como el *Lego*, están considerados dentro de Actividades Motoras Finas, Ítem 19.

† Los accesorios enriquecen a los bloques. Ejemplos son figuritas humanas de juguete, vehículos, y letreros del camino.

Preguntas

(3.3) ¿Con qué frecuencia se puede jugar con bloques?

(7.3) ¿Los niños juegan con bloques afuera?

Inadecuado		Mínimo		Bueno		Excelente
1	2	3	4	5	6	7

23. Arena/agua*

1.1 No hay provisiones† para el juego con arena *o* con agua, ni fuera *ni* dentro de la sala de clase.

1.2 No hay juguetes para jugar con arena *o* con agua.

3.1 Hay algunas provisiones‡ para el juego con arena *o* con agua (afuera *o* adentro).

3.2 Hay algunos juguetes para la arena accesibles.

5.1 Hay provisiones para el juego con arena *y* con agua, afuera *o* adentro.

5.2 Hay una variedad de juguetes accesibles para el juego (p. ej., recipientes, cucharas, embudos, palas, ollas, moldes, personas y animales de juguete, y camiones).

5.3 El juego con arena *o* con agua está disponible a los niños por lo menos una hora diaria.

7.1 Hay provisiones para el juego con arena *y* con agua, adentro *y* afuera (dependiendo del tiempo que haga).

7.2 Se hacen diferentes actividades con arena y con agua (p. ej., se le añade globitos al agua, se cambia el material de la mesa de arena, p. ej., se sustituye el arroz por la arena).

Notas para Clarificación

* Los materiales que se puedan echar fácilmente, como el arroz, las lentejas, comida de pájaros, y maizena se pueden sustituir por la arena. Debe haber bastante arena o del producto sustituto para que los niños puedan escarbar en él, llenar recipientes, y vaciarlos.

† Las "provisiones" para la arena y el agua requieren acción de parte del personal para que haya materiales apropiados para el juego de este tipo. Dejar que los niños jueguen en charcos o que escarben en la tierra del patio de recreo no es suficiente para satisfacer los requisitos de este ítem.

‡ No es necesario que cada sala de clase tenga su propia mesa de arena y de agua, pero deben poder usar una de esas mesas regularmente si se comparte con otra sala.

Preguntas

(3.1) ¿Usan arena o agua con los niños? ¿Cómo se maneja esto? ¿Con qué frecuencia? ¿Dónde está disponible esto?

(3.2) ¿Hay juguetes que los niños puedan usar con arena o con agua? Por favor descríbalos.

(7.2) ¿Cambian las actividades que hacen los niños con arena y con agua?

Inadecuado		Mínimo		Bueno		Excelente
1	2	3	4	5	6	7

24. Juego dramático*

1.1 No hay materiales o equipo para disfrazarse o para el juego dramático.

3.1 Hay algunos materiales y muebles accesibles para el juego dramático, para que los niños puedan hacer los papeles de la familia ellos mismos (p. ej., ropa para disfrazarse, accesorios de limpiar la casa, muñecas).

3.2 Los materiales están accesibles por un mínimo de una hora diariamente.

3.3 Hay almacenaje separado para los materiales del juego dramático.

5.1 Hay muchos materiales para el juego dramático accesibles, incluyendo ropa para disfrazarse.†

5.2 Los materiales están accesibles por una parte considerable del día.

5.3 Accesorios para por lo menos dos temas diferentes están accesibles diariamente (p. ej., quehaceres domésticos y trabajo).

5.4 El área del juego dramático está claramente definida, con espacio para jugar y para organizar el almacenaje.

7.1 Se alternan los materiales para una variedad de temas (p. ej., cajas accesorias para temas del trabajo, fantasía y ratos de tiempo libre).

7.2 Se dan accesorios para representar la diversidad (p. ej., los accesorios representan a varias culturas; el equipo que usan las personas con discapacidades).

7.3 Se dan accesorios para el juego dramático fuera de la sala de clase.‡

7.4 Se usan imágenes, historias, y excursiones para enriquecer el juego dramático.

Notas para Clarificación

* El juego dramático es simular o imaginar. Este tipo de juego ocurre cuando los niños representan papeles por sí mismos y cuando manipulan figuras como figuritas de personas en una casa de muñecos. El juego dramático se enriquece por los accesorios que estimulan una variedad de temas incluyendo *los quehaceres domésticos* (p. ej., muñecas, muebles del tamaño para los niños, disfraces, utensilios de cocina); *diferentes tipos de trabajo* (p. ej., oficina, construcción, finca, tienda, bombero, transporte); *fantasía* (p. ej., animales, dinosaurios, personajes de los libros de cuento), y *el tiempo libre* (p. ej., acampar, deportes).

† La ropa de disfraz debe incluir más que los tacones altos, los vestidos, bolsas, y sombreros de mujer que normalmente se encuentran en un área de casita de jugar. Se debe incluir la ropa que llevan los hombres y las mujeres al trabajo, como las gorras de los trabajadores de construcción y transporte, de los vaqueros, además de zapatos de correr, corbatas ("clip-on"), y chaquetas.

Preguntas

(7.1) ¿Hay otros accesorios para el juego dramático que los niños pueden usar? Por favor descríbalos.

‡ La intención de este indicador es de darle a los niños un espacio bastante grande para que su juego dramático sea muy activo y ruidoso sin interrumpir las otras actividades. Un área grande adentro como un gimnasio o una sala de uso múltiple puede ser sustituido por un espacio afuera. Estructuras (como casitas, carros, o barcos) y accesorios para acampar, cocinar, trabajar, para el transporte, o ropa para disfrazarse pueden estar disponibles para los niños.

(7.3) ¿Se usan accesorios para el juego dramático afuera o en un espacio adentro más grande?

(7.4) ¿Hacen algo para extender el juego dramático de los niños?

Inadecuado		Mínimo		Bueno		Excelente
1	2	3	4	5	6	7

25. Naturaleza/ciencia*

1.1 No hay juegos, materiales, o actividades de naturaleza/ciencia accesibles.

3.1 Hay algunos juegos, materiales, o actividades de dos categorías de naturaleza/ciencia accesibles que son apropiados para el nivel de desarrollo de los niños.†

3.2 Los materiales están accesibles diariamente.

3.3 Los niños son alentados a traer cosas naturales para compartir con los otros o para añadir a las colecciones (p. ej., traer una hoja del patio de recreo durante el otoño; traer un animal doméstico).

5.1 Hay muchos juegos, materiales, o actividades de tres categorías de naturaleza/ciencia accesibles que son apropiados para el desarrollo.

5.2 Los materiales están accesibles por una parte considerable del día.

5.3 Los materiales de naturaleza/ciencia están bien organizados y en buenas condiciones (p. ej., las colecciones están guardadas en recipientes separados; las jaulas de los animales están limpias).

5.4 Se usan los acontecimientos de todos los días como una base para aprender de la naturaleza/ciencia (p. ej., hablando del tiempo, observando insectos o pájaros, discutiendo el cambio de estaciones, haciendo globitos o volando una cometa, observando derretir y congelar la nieve).

7.1 Se ofrecen actividades de naturaleza/ciencia que requieren más participación del personal por lo menos una vez cada dos semanas (p. ej., cocinando, haciendo experimentos simples como medir la cantidad de lluvia, excursiones).

7.2 Se usan libros, imágenes, y/o materiales audio-visuales para agregar información y para extender las experiencias prácticas de los niños.

Notas para Clarificación

* Naturaleza/ciencia incluye categorías de materiales tales como *las colecciones de objetos naturales* (p. ej., piedras, insectos, semillas), *los organismos vivos* para cuidar y observar (p. ej., las plantas domésticas, los jardines, los animales domésticos), *los libros, juegos, o juguetes de naturaleza/ciencia* (p. ej., cartas para emparejar o cartas en secuencia con temas de la naturaleza) y *las actividades de naturaleza* tales como cocinar y los experimentos simples (p. ej., con imanes, con lupas, hundir-y-flotar).

† Los materiales abiertos de naturaleza/ciencia que los niños pueden explorar de su propia manera normalmente son apropiados para el desarrollo para una amplia variedad de edades y habilidades. Los materiales que requieren habilidades más allá de las habilidades de cada niño o que no desafían a los niños suficientemente, no se consideran apropiados para el desarrollo. Por ejemplo, pedirles a los niños rellenar la altura de la línea roja de un termómetro para distinguir lo caliente del frío puede ser apropiado para niños en el jardín infantil, pero no para niños de dos años de edad.

Preguntas

(3.3) ¿Los niños traen cosas de naturaleza o ciencia para compartir? ¿Cómo manejan esto?

(7.1) ¿Me puede dar ejemplos de las actividades de naturaleza/ciencia que hacen con los niños además de las que he visto? ¿Con qué frecuencia se hacen estas actividades?

(7.2) ¿Usan libros sobre naturaleza/ciencia o materiales audio-visuales con los niños? Por favor describa.

Inadecuado		Mínimo		Bueno		Excelente
1	2	3	4	5	6	7

26. Matemáticas/números*

1.1 No hay materiales de matemáticas/ números accesibles.

1.2 Se enseñan las matemáticas/ los números principalmente a través de contar de memoria o de hojas de práctica.

3.1 Hay algunos materiales de matemáticas/números accesibles que son apropiados para el nivel de desarrollo de los niños†.

3.2 Los materiales están accesibles diariamente.

5.1 Hay muchos materiales de varios tipos accesibles que son apropiados para el desarrollo de los niños (p. ej., materiales para contar, medir, y aprender la forma y el tamaño).

5.2 Los materiales están accesibles por una parte considerable del día.

5.3 Los materiales están bien organizados y en buenas condiciones (p. ej., separados por tipo, todas las piezas de un juego están guardadas juntas).

5.4 Se usan las actividades diarias para promover el aprendizaje de matemáticas/números (p. ej., poniendo la mesa, contando mientras subiendo las escaleras, usando cronómetros para tomar turnos).

7.1 Se ofrecen actividades de matemáticas/números que requieren más participación del personal por lo menos cada dos semanas (p. ej., haciendo una tabla para comparar la estatura de los niños, contando y anotando el número de pájaros que vienen a comer semillas).

7.2 Se alternan los materiales para mantener el interés (p. ej., contadores de ositos son reemplazados por contadores de dinosaurios, hay diferentes objetos para pesar).

Notas para Clarificación

* Los materiales para matemáticas/números ayudan a los niños a experimentar, contar, medir, comparar cantidades, y reconocer formas, y a familiarizarse con los números escritos. Ejemplos de materiales de matemáticas/números son objetos pequeños para contar, pesas, reglas, rompecabezas numeradas, números imantados, juegos de números como los dominós o la lotería, formas geométricas como bloques entarimados.

† Los materiales de matemáticas/números que son apropiados para el nivel de desarrollo les permiten a los niños usar objetos concretos para experimentar con la cantidad, el tamaño, y la forma mientras desarrollan los conceptos que necesitan para los traba-jos más abstractos exigidos luego en el colegio, como sumar, restar, y completar problemas de matemáticas con lápiz y papel. El hecho de que un material o una actividad sea apropiado, se basa en las habilidades y los intereses de los niños. Una hoja de práctica matemática ofrecida a los niños en el jardín infantil quienes tienen muchos otros materiales concretos para manipular puede ser apropiada para el nivel de desarrollo de ellos, pero no para los niños de dos o tres años de edad.

Preguntas

(7.1) ¿ Me podría dar algunos ejemplos de las actividades de matemáticas que hacen con los niños además de las que he visto?

(7.2) ¿Hay algunos otros materiales de matemáticas que se usan con los niños? ¿Cómo se maneja esto?

Inadecuado		Mínimo		Bueno		Excelente
1	2	3	4	5	6	7

27. Uso de la televisión, videos, y/o computadoras*

1.1 Los materiales que se usan no son apropiados para el nivel de desarrollo de los niños (p. ej., el contenido tiene mucha violencia o sexo explícito, tienen personajes o historias que dan miedo, los juegos de computadora son muy difíciles).

1.2 No se permiten actividades alternativas mientras se está usando la televisión/la computadora (p. ej., todos los niños tienen que mirar un programa de video a la misma vez).

3.1 Todos los materiales utilizados no son violentos y son culturalmente sensibles.

3.2 Hay actividades alternativas accesibles mientras se está usando la televisión/la computadora.

3.3 Se limita el tiempo que se permite que los niños usen la televisión/videos o la computadora (p. ej., se limita la televisión/videos a una hora diaria durante un programa de todo el día; los turnos en la computadora son limitados a 20 minutos al día).

5.1 Los materiales que se usan son limitados a los que se consideran "buenos para los niños" (p. ej., Sesame Street, videos y juegos de computadora educativos, pero no la mayoría de los dibujos animados).

5.2 El uso de la computadora es una de las muchas actividades que se pueden escoger libremente. *NA permitido.*

5.3 La mayor parte de los materiales estimula la participación activa (p. ej., los niños pueden bailar, cantar, o hacer ejercicios con un video; los programas de computadora animan a los niños a pensar y a tomar decisiones).

5.4 El personal participa activamente en el uso de la televisión, videos, o computadoras (p. ej., miran y discuten un video con los niños; hacen una actividad sugerida por un programa de televisión educativa; ayudan a los niños a aprender cómo usar un programa de computadora).

7.1 Algunos programas de computadora fomentan la creatividad (p. ej., programas de dibujar o de pintar, oportunidades de solucionar problemas en un juego de computadora). *NA permitido.*

7.2 Se usan los materiales para apoyar y extender los temas y las actividades de clase (p. ej., un CD ROM o video sobre los insectos agrega información sobre el tema de la naturaleza; un video acerca de unas fincas prepara a los niños para una excursión).

Notas para Clarificación

* Si no se usa ni televisión, ni video, ni computadora, marque este ítem NA (no aplica). Usted siempre debe preguntar acerca del uso de televisión y computadoras, ya que con mucha frecuencia se comparten entre varias clases y quizás no sea evidente el día de su visita.

Preguntas

¿Se usan televisión, videos, o computadoras con los niños? ¿Cómo se usan?

(1.1, 3.1, 5.1, 7.1) ¿Cómo escogen los materiales de televisión, video, o computadora para usar con los niños?

(1.2) ¿Hay otras actividades disponibles a los niños mientras se está usando la televisión o videos?

(3.3) ¿Con qué frecuencia se usan televisión, videos, o computadoras con los niños? ¿Por qué cantidad de tiempo son disponibles estos materiales?

(5.3) ¿Hay materiales que estimulan la participación activa por parte de los niños? Por favor dé algunos ejemplos.

(7.2) ¿Usan televisión, videos, o computadoras en relación con los tópicos o temas en la clase? Por favor explique.

Inadecuado		Mínimo		Bueno		Excelente
1	2	3	4	5	6	7

28. Promoviendo la aceptación de la diversidad

1.1 No hay diversidad racial o cultural visible en los materiales* (p. ej., todos los juguetes e imágenes son de una raza, todos los materiales impresos son sobre una cultura, todos los materiales impresos y audios están en un solo idioma en lugares donde el bilingüismo es extenso).

1.2 Los materiales presentan sólo los estereotipos de las razas, culturas, edades, habilidades, y sexos.

1.3 Miembros del personal demuestran prejuicios hacia otros (p. ej., contra un niño u otro adulto de otra raza o grupo cultural, contra una persona con discapacidades).

3.1 Hay alguna diversidad racial o cultural visible en los materiales (p. ej., muñecas, libros, imágenes multi-raciales o multi-culturales en los tableros de anuncios; cintas de música de muchas culturas; en áreas bilingües, hay algunos materiales en el idioma primario de los niños).

3.2 Los materiales demuestran la diversidad (p. ej., diferentes razas, culturas, edades, habilidades, o sexos) de una manera positiva.

3.3 Miembros del personal intervienen de manera apropiada para contrarrestar los prejuicios mostrados por los niños u otros adultos (p. ej., discuten las semejanzas y diferencias; establecen reglas para el trato justo a otros), o no se muestran prejuicios.

5.1 Hay muchos libros, imágenes y materiales accesibles mostrando gente de distintas razas, culturas, edades, habilidades, y sexos en papeles que no son estereotipados (p. ej., hay imágenes históricas y actuales; se muestran a hombres y a mujeres haciendo muchos tipos de trabajos diferentes incluyendo papeles tradicionales y no tradicionales).

5.2 Se usan algunos accesorios en el juego dramático que representan a varias culturas (p. ej., muñecas de distintas razas; ropa, utensilios de cocinar y de comer étnicos de varios grupos culturales).

7.1 La inclusión de la diversidad es parte de las rutinas y actividades de juego diarias (p. ej., las comidas étnicas forman parte de las comidas/ meriendas regularmente; se incluyen durante la hora de música cintas de música y canciones de diferentes culturas).

7.2 Se incluyen actividades para promover el entendimiento y la aceptación de la diversidad (p. ej., se alienta a los padres a compartir las costumbres de la familia con los niños; se representan muchas culturas durante la celebración de los días de fiestas).

Notas para Clarificación

*Al evaluar la diversidad en los materiales, considere todas las áreas y los materiales utilizados por los niños, incluyendo las imágenes y fotos en exhibición, los libros, los rompecabezas, los juegos, las muñecas, las figuritas humanas en el área de bloques, las marionetas, las cintas de música, videos y programas de computadora.

Preguntas

(3.1) ¿Me podría dar ejemplos de los tipos de música que usan con los niños?

(3.3) ¿Qué hacen si un niño o un adulto demuestra prejuicios?

(7.2) ¿Se usan algunas actividades para ayudar a los niños a entender la variedad de gente que hay en nuestro país y en el mundo? Por favor dé algunos ejemplos.

Inadecuado		Mínimo		Bueno		Excelente
1	2	3	4	5	6	7

INTERACCIÓN

29. Supervisión de las actividades motoras gruesas

1.1 La supervisión en el área de las actividades motoras gruesas es inadecuada para proteger la salud y la seguridad de los niños (p. ej., se deja a los niños desatendidos aunque sea por un período de tiempo corto; no hay suficientes adultos para vigilar a los niños en el área; el personal no le presta atención a los niños).

1.2 La mayor parte de la interacción entre el personal y los niños es negativa (p. ej., el personal parece estar enojado; hay un ambiente punitivo y demasiado controlado).

3.1 La supervisión en el área de las actividades motoras gruesas es adecuada para proteger la salud y la seguridad de los niños (p. ej., hay suficiente personal presente para vigilar a los niños en el área; el personal está en buena posición para ver todas las áreas; el personal circula cuando es necesario; el personal interviene cuando ocurren problemas).

3.2 Hay interacción positiva entre el personal y los niños (p. ej., consuela a un niño cuando está disgustado o herido; demuestra apreciación por una nueva habilidad; usa un tono de voz agradable).

5.1 El personal interviene para prevenir situaciones peligrosas antes que ocurran (p. ej., quita juguetes rotos u otros peligros antes de que lo usen los niños; para el juego rudo entre los niños antes de que se hagan daño).

5.2 La mayor parte de la interacción entre el personal y los niños es agradable y útil.

5.3 El personal ayuda a los niños a desarrollar las habilidades que necesitan para usar el equipo (p. ej., les ayuda a aprender como impulsarse en el columpio; ayuda a un niño con discapacidades a usar pedales adaptados en los triciclos).

7.1 El personal habla con los niños acerca de ideas relacionadas con su juego (p. ej., introducen conceptos como cerca-lejos, rápido-lento para los niños menores; les pide que hablen de un proyecto de construcción o de su juego dramático).

7.2 El personal ayuda con los recursos para mejorar el juego (p. ej., preparar una ruta de obstáculos para los triciclos).

7.3 El personal ayuda a los niños a desarrollar interacciones sociales positivas (p. ej., ayudarlos a turnarse en el equipo popular; proveer equipo que fomenta la cooperación como un barco de mecer de dos personas, los aparatos de comunicación [walkie-talkie]).

Preguntas

¿Podría describir cómo el personal supervisa a los niños durante las actividades motoras gruesas y mientras que juegan afuera?

(5.3) ¿Qué pasa cuando los niños tienen dificultades al usar el equipo?

30. Supervisión general de los niños (además de las actividades motoras gruesas)

1.1 La supervisión de los niños es inadecuada (p. ej., el personal deja a los niños desatendidos; no se proteje la seguridad de los niños; el personal atiende mayormente a otros quehaceres).

1.2 La mayor parte de la supervisión es punitiva o demasiado controlada (p. ej., se grita a los niños y se les hace sentirse inferiores, siempre se les dice "No").

3.1 Hay suficiente supervisión para proteger la seguridad de los niños.

3.2 Se presta atención a la limpieza y a la prevención del uso inapropiado de los materiales (p. ej., se recoge una mesa de ciencia desordenada; se le impide a un niño vaciar un pomo entero de pegamento).

3.3 La mayor parte de la supervisión no es punitiva, y se ejerce el control de manera razonable

5.1 La supervisión cuidadosa de todos los niños es ajustada apropiadamente para las diferentes edades y habilidades (p. ej., se vigila con más cuidado a los niños menores o más impulsivos).

5.2 El personal ayuda y estimula a los niños cuando lo necesiten (p. ej., se le ayuda a un niño que está dando vueltas sin participar, ayuda a un niño a completar un rompecabezas).

5.3 El personal demuestra que está al tanto del grupo entero aunque esté trabajando individualmente con un niño o con un grupo pequeño (p. ej., el personal revisa la sala con frecuencia aunque esté trabajando con un niño, se asegura que cualquier área que no pueda ver esté supervisada por otro miembro del personal).

5.4 El personal demuestra apreciación por los esfuerzos y los logros de los niños.

7.1 El personal habla con los niños acerca de ideas relacionadas a su juego, haciendo preguntas y agregando información para extender los pensamientos de los niños.

7.2 Se mantiene un equilibrio entre la necesidad del niño de explorar individualmente y el aporte del personal al aprendizaje (p. ej., se le permite al niño terminar una pintura antes de hacerlo hablar de ella; se le permite al niño descubrir por sí mismo que su edificio de bloques está desequilibrado cuando se cae).

Inadecuado		Mínimo		Bueno		Excelente
1	2	3	4	5	6	7

31. Disciplina

1.1 Se controla a los niños con métodos severos (p. ej., se les pega, se les grita, los encierran por largos ratos, o se les niega la comida).

1.2 La disciplina es tan poca estricta que falta orden o control.

1.3 Lo que se espera en cuanto al comportamiento es mayormente inapropiado para la edad y el nivel de desarrollo de los niños (p. ej., todos deben estar silenciosos durante las comidas; los niños tienen que esperar en silencio por largos ratos).

3.1 El personal no usa castigo físico ni métodos severos.

3.2 El personal normalmente mantiene suficiente control para evitar de que los niños se hagan daño los unos a los otros.

3.3 Lo que se espera en cuanto al comportamiento es mayormente apropiado para la edad y el nivel de desarrollo de los niños.

5.1 El personal usa métodos de disciplina no punitivos de manera efectiva (p. ej., dar atención al comportamiento positivo; dirigir al niño hacia una actividad aceptable cuando está haciendo algo inaceptable).

5.2 El programa está estructurado para evitar conflictos y para promover la interacción apropiada para la edad (p. ej., hay juguetes duplicados accesibles; a un niño con un juguete preferido se le da un área protegida en donde jugar).

5.3 El personal reacciona de manera consistente* al comportamiento de los niños (p. ej., diferentes miembros del personal aplican las mismas reglas y usan los mismos métodos; se siguen las reglas básicas con todos los niños).

7.1 El personal involucra activamente a los niños en la solución de sus conflictos y problemas (p. ej., ayuda a los niños a hablar de sus problemas y a encontrar soluciones; hace a los niños más sensibles a los sentimientos de otros).

7.2 El personal usa actividades para ayudar a los niños a entender las aptitudes para el trato social (p. ej., usan libros de cuento y discusión en grupo para resolver conflictos comunes).

7.3 El personal les pide consejo a otros profesionales acerca de los problemas de comportamiento.

Notas para Clarificación

* Tiene que haber consistencia general entre los miembros del personal sobre la manera en que manejan las situaciones distintas y a los niños. Esto no significa que no pueda haber flexibilidad. Siempre se deben seguir reglas básicas para la interacción social positiva en un grupo (p. ej., no se puede pegar o herir, y se tiene que mantener respeto para los otros y para los materiales). Quizás haga falta un programa especializado para ayudar a un niño con una discapacidad a seguir las reglas básicas de la clase.

Preguntas

(1.1) ¿Alguna vez encuentran que es necesario usar disciplina estricta? Por favor describa los métodos que usan.

(7.2) ¿Usan actividades con los niños que les promuevan el llevarse bien los unos con los otros?

(7.3) ¿Qué hacen si tienen un niño con un problema de comportamiento muy difícil?

Inadecuado		Mínimo		Bueno		Excelente
1	2	3	4	5	6	7

32. Interacciones entre el personal y los niños*

1.1 Los miembros del personal no responden o no participan con los niños (p. ej., ignoran a los niños, el personal parece ser distante o frío).

1.2 Las interacciones son desagradables (p. ej., parece que hay tensión o irritación en las voces).

1.3 Se usa el contacto físico principalmente para el control (p. ej., apurando a los niños) o se usa de manera inapropiada (p. ej., abrazarlos o hacerles cosquillas sin que ellos quieran).

3.1 El personal responde normalmente a los niños de manera afectuosa y les demuestra apoyo (el personal y los niños parecen estar relajados, las voces están felices, se sonríe con frecuencia).

3.2 Si las hay, son pocas las interacciones desagradables.

5.1 El personal demuestra su afabilidad por medio de contacto físico apropiado (p. ej., una palmadita en la espalda, reciprocidad del abrazo de un niño).

5.2 El personal demuestra respeto por los niños (p. ej., escuchan atentamente, hacen contacto ocular, tratan a los niños justamente, no discriminan).

5.3 El personal responde compasivamente para ayudar a los niños disgustados, heridos, o enojados.

7.1 El personal parece divertirse con los niños.

7.2 El personal fomenta el desarrollo del respeto mutuo entre los niños y los adultos (p. ej., el personal espera que los niños terminen de hacer sus preguntas antes de responder; enseñan a los niños, de manera cortés, a escuchar cuando hablan los adultos).

Notas para Clarificación

* Aunque los indicadores de calidad en este ítem se aplican generalmente a través de una diversidad de culturas e individuos, las maneras en que se expresan pueden variar. Por ejemplo, contacto ocular directo en algunas culturas es una muestra de respeto; en otras, una muestra de falta de respeto. Igualmente, algunos individuos son más capaces de sonreír y de ser más demostrativos que otros. Sin embargo, se tienen que cumplir los requisitos de los indicadores, aunque pueda haber alguna variación en la manera en que se haga.

Inadecuado		Mínimo		Bueno		Excelente
1	2	3	4	5	6	7

33. Interacciones entre los niños

1.1 No se fomenta la interacción entre los niños (compañeros de clase) (p. ej., no se promueve el hablar con los compañeros, hay pocas oportunidades para que los niños escojan a sus propios compañeros para jugar).

1.2 Hay poca o una falta de dirección de parte del personal para la interacción positiva entre compañeros.

1.3 Hay poca o una falta de interacción positiva entre compañeros (p. ej., las burlas, discusiones, y peleas entre los niños son comunes).

3.1 Se fomenta la interacción entre compañeros (p. ej., se les permite a los niños circular libremente para que los agrupamientos naturales y las interacciones puedan ocurrir).

3.2 El personal detiene las interacciones negativas entre compañeros y las que puedan hacer daño (p. ej., detienen los insultos y las peleas entre niños).

3.3 Ocurre alguna interacción positiva entre compañeros.

5.1 El personal modela buenas aptitudes para el trato social (p. ej., se tratan bien, se escuchan, se apoyan, cooperan).

5.2 El personal ayuda a los niños a desarrollar un comportamiento social apropiado con sus compañeros (p. ej., los ayuda a hablar de sus conflictos en vez de pelear; alienta a los niños que se aislan socialmente a encontrar amigos; los ayuda a comprender los sentimientos de otros).

7.1 Las interacciones entre compañeros son casi siempre positivas (p. ej., los niños mayores cooperan y comparten a menudo; generalmente, los niños juegan bien juntos sin pelear).

7.2 El personal ofrece algunas oportunidades para que los niños trabajen juntos para completar un trabajo (p. ej., un grupo de niños trabaja para cubrir un mural grande de papel con muchos dibujos; los niños hacen una sopa con muchos ingredientes; los niños cooperan en traer las sillas a la mesa).

Pregunta

(7.2) ¿Usan algunas actividades que animan a los niños a trabajar juntos? ¿Podría darme algunos ejemplos?

Inadecuado		Mínimo		Bueno		Excelente
1	2	3	4	5	6	7

ESTRUCTURA DEL PROGRAMA

34. Horario

1.1 El programa es muy rígido, no dejando ningún tiempo para intereses individuales, o es demasiado flexible (caótico), faltando una secuencia confiable de eventos diarios.*

3.1 Existe un programa diario básico que es conocido por los niños (p. ej., las rutinas y las actividades ocurren en básicamente la misma secuencia la mayor parte de los días).

3.2 Hay un programa escrito puesto en la sala que generalmente se relaciona con lo que ocurre.†

3.3 Diariamente hay por lo menos un período de jugar adentro, y uno de jugar afuera (si hace buen tiempo) ocurre diariamente.

3.4 El juego motor grueso y algún juego menos activo ocurren diariamente.

5.1 El programa ofrece un equilibrio entre la estructura y la flexibilidad (p. ej., si hace buen tiempo, se puede alargar el período regular de juego afuera).

5.2 Ocurre una variedad de actividades de juego cada día, algunas actividades dirigidas por los maestros y otras iniciadas por los niños.

5.3 Una parte considerable del día se usa para actividades de juego.

5.4 No hay largos períodos de espera durante las transiciones entre los eventos diarios.

7.1 Hay transiciones fluídas entre los eventos diarios (p. ej., los materiales están listos para la próxima actividad antes de que la actividad actual termine; la mayor parte de las transiciones maneja a pocos niños a la vez en vez del grupo entero)

7.2 Se hacen variaciones en el programa para acomodar las necesidades individuales (p. ej., los niños con menos capacidad de concentración tienen un período de cuentos más corto; se le permite a un niño que está trabajando en un proyecto continuar pasado su tiempo programado; se permite a un niño que come despacio terminar a su propio paso).

Notas para Clarificación

* Los eventos diarios se refieren al tiempo para actividades de juego adentro y afuera además de las rutinas como las comidas/las meriendas, la siesta/el descanso, y recibir/despedir.

† No es necesario que el programa escrito se siga minuto por minuto. La intención de este indicador es que se siga la secuencia general de los eventos.

Inadecuado		Mínimo		Bueno		Excelente
1	2	3	4	5	6	7

35. Juego libre*

1.1 Hay poca oportunidad para el juego libre *o* se pasa una parte considerable del día en juego libre sin supervisión.

1.2 Hay juguetes, juegos, y equipo inadecuados para el uso por los niños durante el juego libre.

3.1 Algún juego libre ocurre diariamente adentro *y* afuera, si hace buen tiempo.

3.2 Se proporciona la supervisión para proteger la salud y la seguridad de los niños.

3.3 Hay algunos juguetes, juegos, y equipo accesibles para que los niños usen durante el juego libre.

5.1 El juego libre ocurre por una parte considerable del día, adentro y afuera (p. ej., hay varios períodos de juego libre programados diariamente).

5.2 Se proporciona la supervisión para facilitar el juego de los niños (p. ej., el personal ayuda a los niños a obtener los materiales que necesitan; ayuda a los niños a usar los materiales que son difíciles de manejar).

5.3 Se proporcionan bastantes y variados juguetes, juegos, y equipo para el juego libre.

7.1 La supervisión se usa como una interacción educativa (p. ej., el personal ayuda a los niños a razonar y a solucionar conflictos, alientan a los niños a hablar de las actividades, introducen conceptos con relación al juego).

7.2 Se añaden nuevos materiales y nuevas experiencias para el juego libre regularmente (p. ej., los materiales se alternan; se añaden las actividades como respuesta a los intereses de los niños).

Notas para Clarificación

* Se le permite al niño escoger los materiales y los compañeros, y tanto como sea posible, manejar su juego independientemente. La interacción del adulto es en respuesta a las necesidades del niño. Las situaciones en las cuales los niños son asignados a centros por el personal, o en las cuales el personal elige los materiales que cada niño individual puede usar no cuentan como juego libre.

Preguntas

¿Podría describir alguna oportunidad de juego libre que tienen los niños? ¿Cuándo y dónde ocurre? ¿Con qué pueden jugar los niños?

Inadecuado		Mínimo		Bueno		Excelente
1	2	3	4	5	6	7

36. Tiempo en grupo

1.1 Se mantiene a los niños juntos como un grupo entero por una parte considerable del día (p. ej., todos hacen el mismo proyecto de arte, se les lee un cuento, escuchan discos, van al baño al mismo tiempo).

1.2 Hay muy pocas oportunidades para que el personal interactué con los niños individuales o en grupos pequeños.*

3.1 Algunas actividades de juego son hechas en grupos pequeños o individualmente.

3.2 Hay alguna oportunidad para que los niños sean parte de grupos pequeños seleccionados por sí mismos.

5.1 Las reuniones del grupo entero† son limitadas a períodos cortos, adecuados para las edades y las necesidades individuales de los niños.

5.2 Muchas de las actividades de juego se hacen en grupos pequeños o individualmente.

5.3 Algunas rutinas se hacen en grupos pequeños o individualmente.

7.1 Los agrupamientos diferentes ofrecen un cambio de paso durante el día.

7.2 El personal toma parte en la interacción educativa con grupos pequeños y niños individuales tanto como con el grupo entero (p. ej., lee un cuento, ayuda a un grupo pequeño a cocinar o con una actividad de ciencia).

7.3 Hay muchas oportunidades para que los niños sean parte de grupos pequeños seleccionados por sí mismos.

Notas para Clarificación

* La definición de grupos pequeños puede cambiar con las edades y las necesidades individuales de los niños. Para los niños de 2 y 3 años de edad de desarrollo típico, un grupo pequeño adecuado puede ser de tres a cinco niños, mientras que para niños de 4 y 5 años de edad, cinco a ocho niños en un grupo puede ser manejable.

† Puede que las reuniones del grupo entero no sean adecuadas para los niños menores de 3 años y medio de edad o para algunos niños con necesidades especiales. Si este es el caso, no se requiere ninguna reunión en grupo para un 5, y se debe dar crédito para este indicador. Una manera de determinar si la reunión del grupo entero es adecuada es notar si los niños siguen interesados y participando.

Inadecuado		Mínimo		Bueno		Excelente
1	2	3	4	5	6	7

37. Provisiones para los niños con discapacidades*

1.1 El personal no intenta evaluar las necesidades de los niños o de averiguar de evaluaciones disponibles.

1.2 No se intenta responder a las necesidades especiales de los niños (p. ej., no se hacen las modificaciones necesarias en la interacción con los maestros, en el ambiente físico, en las actividades del programa, y en el horario).

1.3 No hay participación de los padres para ayudar al personal a entender las necesidades de sus niños o en determinar metas para los niños.

1.4 Los niños con discapacidades participan poco con el resto del grupo (p. ej., no comen en la misma mesa; se pasean y no participan en las actividades).

3.1 El personal tiene información sobre las evaluaciones disponibles.

3.2 Se hacen modificaciones pequeñas† para responder a las necesidades de los niños con discapacidades.

3.3 Hay alguna participación de los padres y del personal para determinar metas para los niños (los padres y los maestros asisten a reuniones del IEP o del IFSP).

3.4 Hay alguna participación de los niños con discapacidades en las actividades con los otros niños.

5.1 El personal completa actividades e interacciones recomendadas por otros profesionales (p. ej., médicos, educadores) para ayudar a los niños a cumplir sus metas identificadas.

5.2 Se hacen modificaciones al ambiente, al programa, y al horario para que los niños puedan participar en muchas actividades con los otros.

5.3 Los padres participan a menudo en compartir información con el personal, en determinar las metas, y en dar comentarios de cómo está funcionando el programa.

7.1 La mayor parte de la intervención profesional se hace dentro de las actividades regulares de la clase.

7.2 Los niños con discapacidades son integrados al grupo y participan en la mayor parte de las actividades.

7.3 El personal contribuye a las evaluaciones individuales y a los planes de intervención.

Notas para Clarificación

* Este ítem se debe usar sólo si un niño con una discapacidad identificada es incluído en el programa. Si no, califique este ítem como NA.

† Modificaciones pequeñas pueden incluir cambios limitados al ambiente (como una rampa) para permitir a los niños asistir al programa, o a un terapista que visita el programa para trabajar con los niños regularmente.

Preguntas

¿Podría describir cómo tratan de responder a las necesidades de los niños con discapacidades en su grupo?

(1.1, 3.1) ¿Tienen alguna información sobre las evaluaciones hechas a los niños? ¿Cómo se usa esta información?

(1.2, 3.2, 5.2) ¿Necesitan hacer algo especial para responder a las necesidades de los niños? Por favor describa lo que hacen.

(1.3, 3.3, 5.3) ¿Ustedes participan junto con los padres para ayudar a decidir cómo responder a las necesidades de los niños? Por favor describa.

(5.1, 7.1) ¿Cómo se manejan los servicios de intervención como la terapia?

(7.3) ¿Usted participa en la evaluación de los niños o en el desarrollo de los planes de intervención? ¿Cuál es su papel?

45

PADRES Y PERSONAL

38. Provisiones para los padres

1.1 No se les da a los padres por escrito información sobre el programa.

1.2 Los padres son desalentados de observar o de participar en el programa de sus hijos.

3.1 Se les da a los padres por escrito información administrativa sobre el programa (p. ej., los costos, las horas de servicio, las reglas de salud para poder asistir).

3.2 Los padres y el personal comparten alguna información relacionada a los niños (p. ej., comunicación informal; conferencias con los padres sólo cuando se piden; algunos materiales sobre ser padres).

3.3 Hay algunas posibilidades para que los padres y familiares participen en el programa de sus hijos.

3.4 Las interacciones entre los familiares y el personal son generalmente respetuosas y positivas.

5.1 Los padres son alentados a observar el grupo de sus hijos antes de matricularlos.

5.2 Se les hace saber a los padres la filosofía y los métodos practicados por el programa (p. ej., un manual para los padres, la política de disciplina, descripciones de las actividades).

5.3 Los padres y el personal comparten mucha información relacionada a los niños (p. ej., comunicación informal frecuente; conferencias para todos los niños regularmente; reuniones entre los padres, boletines, información sobre ser padres disponible).

5.4 Se usa una variedad de alternativas para alentar la participación de la familia en el programa de los niños (p. ej., traer unas chucherías para un cumpleaños, almorzar con el niño, asistir a una comida con colaboración de las familias).

7.1 Los padres piden una evaluación del programa cada año (p. ej., cuestionarios para los padres, reuniones para la evaluación en grupo).

7.2 Los padres son referidos a otros profesionales cuando sea necesario (para consejos especiales en cómo ser padres, por preocupaciones sobre la salud del niño).

7.3 Los padres participan en tomar decisiones junto con el personal (p. ej., los padres tienen representantes en la junta directiva).

___

Preguntas

(1.1, 3.1) ¿Se les da a los padres por escrito alguna información acerca del programa? ¿Qué se incluye en esta información?

(1.2, 3.3, 5.4) ¿Hay algunas maneras en que los padres puedan participar en la clase de sus hijos? Por favor dé algunos ejemplos.

(3.2, 5.3) ¿Comparten ustedes y los padres información sobre los niños? ¿Cómo se hace esto?

(3.4) ¿Cómo es su relación con los padres normalmente?

(5.1) ¿Se les permite a los padres visitar la clase antes de matricular a su hijo? ¿Cómo se maneja esto?

(7.1) ¿Participan los padres en la evaluación del programa? ¿Cómo se hace esto? ¿Con qué frecuencia?

(7.2) ¿Qué hacen cuando parece que los padres están teniendo dificultades? ¿Los refieren a otros profesionales para ayuda?

(7.3) ¿Participan los padres en tomar decisiones con respecto al programa? ¿Cómo se maneja esto?

Inadecuado		Mínimo		Bueno		Excelente
1	2	3	4	5	6	7

39. Provisiones para las necesidades personales del personal

1.1 No hay áreas especiales para el personal (p. ej., baño separado, sala para descansar, almacenaje para sus cosas personales).

1.2 No se les da a los miembros del personal tiempo aparte de los niños para atender a sus asuntos personales (p. ej., no tienen tiempo para tomar descansos).

3.1 Hay un baño separado para los adultos.

3.2 Hay algunos muebles para adultos fuera del área de jugar los niños.

3.3 Hay algún espacio para el almacenaje de cosas personales.

3.4 Los miembros del personal hacen por lo menos un descanso al día.

3.5 Cuando es necesario, se hacen adaptaciones para responder a las necesidades de algún miembro del personal con discapacidades.
NA permitido.

5.1 Hay una sala de descanso con muebles del tamaño para adultos disponible; esta sala puede tener una función doble (p. ej., oficina, sala de conferencias).

5.2 Hay un espacio cómodo para el almacenaje de cosas personales, con seguridad cuando necesario.

5.3 Diariamente se da tiempo para hacer descansos en la mañana, en la tarde, y al mediodía para el "almuerzo".*

5.4 Hay instalaciones para las comidas/ las meriendas del personal (p. ej., espacio en el refrigerador, instalaciones de cocina).

7.1 Hay un área de descanso separada para los adultos (no tiene función doble).

7.2 Hay muebles cómodos para los adultos en la sala de descanso.

7.3 El personal tiene alguna flexibilidad en decidir cuando hacer descansos.

Notas para Clarificación
* Estos requisitos son basados en un día de trabajo de 8 horas y deben ser ajustados para períodos más cortos.

Preguntas
(1.2, 3.4, 5.3) ¿Tienen tiempo libre durante el día en que puedan estar lejos de los niños? ¿Cuándo ocurre esto?

(3.3) ¿Dónde guarda sus cosas personales, como su abrigo o bolsa? ¿Cómo funciona esto?

Inadecuado		Mínimo		Bueno		Excelente
1	2	3	4	5	6	7

40. Provisiones para las necesidades profesionales del personal

1.1 No hay acceso a un teléfono.

1.2 No hay un espacio para archivar o guardar los materiales del personal (p. ej., no hay espacio para guardar los materiales que necesita el personal para preparar las actividades).

1.3 No hay un espacio disponible para las conferencias individuales durante las horas de asistencia de los niños.

3.1 Hay acceso conveniente a un teléfono.

3.2 Hay acceso a algún espacio para archivar y guardar materiales.

3.3 Hay algún espacio disponible para las conferencias individuales durante las horas de asistencia de los niños.

5.1 Hay acceso a amplio espacio para archivar y guardar materiales.

5.2 Se usa un espacio de oficina separado para la administración del programa.*

5.3 El espacio para las conferencias y las reuniones de los grupos de adultos es satisfactorio (p. ej., el uso doble o compartido de un espacio no hace difícil el horario; la privacidad está asegurada; hay muebles del tamaño para adultos disponibles).

7.1 Hay un espacio de oficina bien equipado para la administración del programa (p. ej., se usa una computadora y un contestador).

7.2 El programa tiene espacio que se puede usar para las conferencias individuales y reuniones de grupos, y este espacio está en un local conveniente, es cómodo, y está separado del espacio que se usa para las actividades de los niños.

Notas para Clarificación

* La oficina del director en una guardería o en una escuela pública se considera un espacio de oficina separado. La oficina tiene que estar en el mismo edificio para darle crédito.

Preguntas

(1.1, 3.1) ¿Tienen acceso a un teléfono? ¿Dónde?

(1.2, 3.2, 5.1) ¿Tienen acceso a algún espacio para archivar o guardar materiales? Por favor descríbalo.

(1.3, 3.3, 5.3, 7.2) ¿Hay algún espacio que se pueda usar para conferencias entre padres y maestros o para reuniones de grupos de adultos cuando estén presente los niños? Por favor descríbalo.

(5.2, 7.1) ¿Hay una oficina para el programa? Por favor descríbala.

Inadecuado		Mínimo		Bueno		Excelente
1	2	3	4	5	6	7

1. Interacción y cooperación entre personal*

1.1 No hay comunicación entre los miembros del personal de información necesaria para responder a las necesidades de los niños (p. ej., no se comunica la información acerca de la partida temprana de un niño).

1.2 Las relaciones interpersonales interfieren con las responsabilidades de cuidar a los niños (el personal socializa en vez de cuidar a los niños o son rudos los unos con los otros o están enojados).

1.3 Las responsabilidades del personal no se comparten de manera justa (p. ej., un miembro del personal hace la mayor parte del trabajo, mientras que otro apenas participa).

3.1 Se comunica alguna información básica para responder a las necesidades de los niños (p. ej., todos los miembros del personal saben de las alergias de uno de los niños).

3.2 La interacción interpersonal entre los miembros del personal no interfiere con las responsabilidades de cuidar a los niños.

3.3 Las responsabilidades del personal se comparten de manera justa.

5.1 La información relacionada con los niños se comunica diariamente entre el personal (p. ej., se comparte información sobre cómo van las rutinas y las actividades de juego para ciertos niños).

5.2 Las interacciones entre el personal son positivas y añaden un sentido de afabilidad y apoyo.

5.3 Las responsabilidades se comparten para que el cuidado y las actividades se manejen bien.

7.1 El personal que trabaja con el mismo grupo o en la misma sala de clase tiene tiempo para planear juntos por lo menos cada dos semanas.

7.2 Las responsabilidades de cada miembro del personal están claramente definidas (p. ej., uno saca los materiales de jugar mientras que otro recibe a los niños; uno ayuda a los niños a prepararse para el descanso, mientras que otro los supervisa al cepillarse los dientes).

7.3 El programa promueve la interacción positiva entre los miembros del personal (p. ej., organizando eventos sociales; incentivando la asistencia en grupo a reuniones profesionales).

Notas para Clarificación
* Califique si dos o más miembros del personal trabajan con el grupo observado, aunque trabajen con el mismo grupo a distintas horas. Califique este ítem NA si hay sólo un miembro del personal con el grupo.

Preguntas
(1.1, 3.1, 5.1) ¿Tiene la ocasión de compartir información sobre los niños con otros miembros del personal que trabajan con su grupo? ¿Cuándo y con qué frecuencia ocurre esto? ¿Qué tipos de cosas discuten?

(7.1) ¿Tiene algún tiempo para planear con sus colegas? ¿Con qué frecuencia?

(7.2) ¿Cómo deciden usted y sus colegas lo que va a hacer cada uno?

(7.3) ¿El programa alguna vez organiza eventos en los cuales participan juntos usted y los otros miembros del personal? ¿Me podría dar algunos ejemplos?

Inadecuado		Mínimo		Bueno		Excelente
1	2	3	4	5	6	7

42. Supervisión y evaluación del personal*

1.1 No hay supervisión para el personal.†

1.2 No se hacen comentarios o evaluaciones sobre el desempeño del personal.

3.1 Hay alguna supervisión para el personal (p. ej., el director observa de manera informal; se observa en el caso que haya una queja).

3.2 Se hacen algunos comentarios sobre el desempeño del personal.

5.1 Se hace una observación de supervisión cada año.

5.2 Se hace y se discute con el personal una evaluación escrita de su desempeño por lo menos cada año.

5.3 En la evaluación se identifican los puntos fuertes del personal además de los puntos en que necesita mejorar.

5.4 Se toma acción para implementar las recomendaciones de la evaluación (p. ej., se da entrenamiento para mejorar el desempeño; se compran nuevos materiales, si es necesario).
NA permitido.

7.1 El personal participa en la auto-evaluación.

7.2 Además de la observación anual, se le da al personal observaciones y comentarios frecuentes.

7.3 Los comentarios de la supervisión se dan de una manera que ayuda y apoya al personal.

Notas para Clarificación

* Califique este ítem NA sólo cuando el programa es manejado por una sola persona, sin ningún otro personal.

† Obtenga información para calificar este ítem de la persona a quien se está supervisando, no del supervisor, excepto en los casos en que el personal de la clase diga que no sabe. Entonces pregúntele al supervisor.

Preguntas

(1.1, 3.1, 5.1, 5.2) ¿Se supervisa su trabajo de alguna manera? ¿Cómo se hace esto?

(1.2, 3.2, 5.2, 7.3) ¿Alguna vez le dan a usted comentarios sobre su desempeño? ¿Cómo se maneja esto? ¿Con qué frecuencia?

(5.4) ¿Si hace falta mejoramiento, cómo se maneja esto?

(7.1) ¿Alguna vez toma parte en la auto-evaluación?

Inadecuado		Mínimo		Bueno		Excelente
1	2	3	4	5	6	7

43. Oportunidades para el desarrollo profesional*

1.1 No se le ofrece al personal una orientación al programa o entrenamiento durante el servicio.

1.2 No hay reuniones del personal.

3.1 Hay alguna orientación para el personal nuevo, incluyendo los procedimientos de emergencias, de seguridad y de salud.

3.2 Se ofrece algún entrenamiento durante el servicio de los empleados.

3.3 Hay algunas reuniones del personal para resolver asuntos de administración.

5.1 Hay una extensa orientación para el personal nuevo, incluyendo interacción con niños y padres, métodos de disciplina y actividades apropiadas.

5.2 El programa ofrece regularmente el entrenamiento durante el servicio de los empleados (p. ej., el personal participa en talleres; hay oradores invitados, y se usan videos para el entrenamiento en el centro/la escuela).

5.3 Se celebran reuniones mensuales que incluyen actividades para el desarrollo del personal.

5.4 Hay algunos recursos profesionales disponibles en el centro/la escuela (p. ej., se pueden sacar de la biblioteca libros, revistas, u otros materiales sobre el desarrollo de los niños, la sensibilidad cultural, y las actividades de clase).

7.1 Hay ayuda para que el personal asista a clases, conferencias, o talleres que el programa no ofrece (p. ej., se cubren el tiempo, los costos de viajar, y los costos de la conferencia).

7.2 Hay una buena biblioteca profesional en el centro que contiene materiales actualizados sobre una variedad de temas en relación a la infancia temprana.

7.3 El personal con menos de un título AA (dos años de universidad) en educación de la infancia temprana tiene como requisito seguir con su educación formal (p. ej., trabajar hacia un GED (la equivalencia de la secundaria), CDA, o AA). *NA permitido.*

Notas para Clarificación

* Obtenga la información para calificar este número del personal de la clase, a menos que el personal diga que no sabe. Entonces, pregúntele al supervisor.

Preguntas

(1.1, 3.1, 3.2, 5.1, 5.2) ¿Se le ofrece algún entrenamiento al personal? Por favor describa este entrenamiento. ¿Qué se hace con el personal nuevo?

(1.2, 3.3, 5.3) ¿Hay reuniones del personal? ¿Con qué frecuencia? ¿Qué se hace en estas reuniones?

(5.4, 7.2) ¿Hay algunos recursos en el centro que puedan usar para nuevas ideas? ¿Qué incluyen?

(7.1) ¿Se ofrece alguna ayuda para que puedan asistir a conferencias o cursos? Por favor describa lo que hay disponible.

(7.3) ¿Hay algún requisito para que el personal con menos de un título AA continúe su educación formal? Por favor describa los requisitos.

Muestras llenadas de Hojas de Calificación y de un Perfil

Muestra de una Hoja de Calificación: Observación 1, 18/9/97

Muestra de una Hoja de Calificación: Observación 2, 29/4/98

Observación 1 — 18/9/97

LENGUAJE -RAZONAMIENTO 18/9/97

15. Libros e imágenes 1 2 ③ 4 5 6 7 Notas: - pocos libros accesibles
- se cuentan historias en grupo una vez al día

S N   S N   S N   S N
1.1 □ ✓ 3.1 ✓ □ 5.1 □ ✓ 7.1 □ ✓
1.2 □ ✓ 3.2 ✓ □ 5.2 ✓ □ 7.2 □ ✓
5.3 □ ✓
5.4 ✓ □
5.5 □ ✓

16. Estimulando la comunicación en los niños 1 2 3 ④ 5 6 7 - materiales de comunicación accesibles
- hay poca participación del personal

S N   S N   S N   S N
1.1 □ ✓ 3.1 ✓ □ 5.1 ✓ □ 7.1 □ ✓
1.2 ✓ □ 3.2 ✓ □ 5.2 ✓ □ 7.2 □ ✓
3.3 ✓ □

17. Usando el lenguaje para desarrollar las habilidades del razonamiento 1 ② 3 4 5 6 7 - no se ha observado instancias en las cuales el personal introduce conceptos de razonamiento lógico

S N   S N   S N   S N
1.1 □ ✓ 3.1 □ ✓ 5.1 □ ✓ 7.1 □ ✓
1.2 □ ✓ 3.2 □ ✓ 5.2 □ ✓ 7.2 □ ✓

18. Uso informal del lenguaje 1 2 ③ 4 5 6 7 - conversaciones frecuentes entre los niños
- pocas conversaciones entre el personal y los niños

S N   S N   S N   S N
1.1 □ ✓ 3.1 ✓ □ 5.1 □ ✓ 7.1 □ ✓
1.2 □ ✓ 3.2 □ ✓ 5.2 □ ✓ 7.2 □ ✓
1.3 □ ✓ 5.3 □ ✓
5.4 □ ✓

A. Calificación de la Sub-escala (Items 15 - 18) _1 2_

B. Número de ítems calificados _0 4_

Puntaje promedio para LENGUAJE-RAZONAMIENTO (A ÷B) 3.0 0

Observación 2 — 29/4/98

LENGUAJE -RAZONAMIENTO 29/4/98

15. Libros e imágenes 1 2 3 ④ 5 6 7 Notas: - pocos libros.
- no hay libros multiculturales
- buen centro de lectura y de materiales de lenguaje
- se usa un tablón de franela

S N   S N   S N   S N
1.1 □ ✓ 3.1 ✓ □ 5.1 □ ✓ 7.1 □ ✓
1.2 □ ✓ 3.2 ✓ □ 5.2 ✓ □ 7.2 □ ✓
5.3 □ ✓
5.4 ✓ □
5.5 □ ✓

16. Estimulando la comunicación en los niños 1 2 3 4 5 ⑥ 7 - no hay vinculación con el lenguaje escrito

S N   S N   S N   S N
1.1 □ ✓ 3.1 ✓ □ 5.1 ✓ □ 7.1 □ ✓
1.2 □ ✓ 3.2 ✓ □ 5.2 ✓ □ 7.2 □ ✓
3.3 ✓ □

17. Usando el lenguaje para desarrollar las habilidades del razonamiento 1 2 3 ④ 5 6 7 - sólo se usan los juegos de razonamiento durante el tiempo libre
- no se ven comentarios o la participación del personal

S N   S N   S N   S N
1.1 ✓ □ 3.1 ✓ □ 5.1 ✓ □ 7.1 □ ✓
1.2 ✓ □ 3.2 ✓ □ 5.2 ✓ □ 7.2 □ ✓

18. Uso informal del lenguaje 1 2 3 4 ⑤ 6 7 - el personal conversa sólo con algunos niños
- no hace preguntas para obtener respuestas más largas

S N   S N   S N   S N
1.1 □ ✓ 3.1 ✓ □ 5.1 ✓ □ 7.1 □ ✓
1.2 ✓ □ 3.2 ✓ □ 5.2 ✓ □ 7.2 □ ✓
1.3 □ ✓ 5.3 ✓ □
5.4 ✓ □

A. Calificación de la Sub-escala (Items 15 - 18) _1 9_

B. Número de ítems calificados _0 4_

Puntaje promedio para LENGUAJE-RAZONAMIENTO (A ÷B) 4.7 5

Muestra de un Perfil

III. Lenguage-Razonamiento

(15-18)

Obs. 1 — **3**

Obs.2 — **4.75**

calificación promedio de la sub-escala

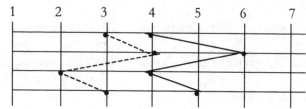

1 2 3 4 5 6 7

15. Libros e imágenes

16. Estimulando la comunicación en los niños

17. Usando el lenguage para desarrollar las razonamiento

18. Uso informal del lenguaje

HOJA DE CALIFICACIÓN
Escala de Calificación del Ambiente de la Infancia Temprana – Revisada
Thelma Harms, Richard M. Clifford, y Debby Cryer

Observador: _____   Código del observador: ___ ___

Centro/Escuela: _____   Código del centro: ___ ___ ___

Sala: _____   Código de la sala: ___ ___

Maestro(s): _____   Código del/de los maestro(s): ___ ___

Número de miembros del personal presentes: ___ ___

Número de niños matriculados en la clase: ___ ___

El máximo de niños que el centro permite a la vez: ___ ___

El máximo de niños presentes durante la observación: ___ ___

Fecha de la observación: _ _ / _ _ / _ _
             d d   m m   a a

El número de niños con discapacidades identificadas: ___ ___

Marque el/los tipo(s) de discapacidad:
- □ física / sensorial
- □ cognitiva / lenguaje
- □ social / emocional
- □ otro: _____

Fechas de nacimiento de los niños matriculados:
El menor _ _ / _ _ / _ _
        d d   m m   a a
El mayor _ _ / _ _ / _ _
        d d   m m   a a

Hora en que comenzó la observación: _ _ : _ _ □ AM □ PM

Hora en que terminó la observación: _ _ : _ _ □ AM □ PM

ESPACIO Y MUEBLES

1. Espacio interior
`1 2 3 4 5 6 7`   Notas:

S N	S N NA	S N	S N
1.1 □ □	3.1 □ □	5.1 □ □	7.1 □ □
1.2 □ □	3.2 □ □	5.2 □ □	7.2 □ □
1.3 □ □	3.3 □ □	5.3 □ □	
1.4 □ □	3.4 □ □		
	3.5 □ □ □		

2. Muebles para el cuidado rutinario, el juego y el aprendizaje
`1 2 3 4 5 6 7`

S N	S N NA	S N NA	S N
1.1 □ □	3.1 □ □	5.1 □ □	7.1 □ □
1.2 □ □	3.2 □ □	5.2 □ □	7.2 □ □
	3.3 □ □ □	5.3 □ □ □	

3. Muebles para el relajamiento y confort
`1 2 3 4 5 6 7`

S N	S N	S N	S N
1.1 □ □	3.1 □ □	5.1 □ □	7.1 □ □
1.2 □ □	3.2 □ □	5.2 □ □	7.2 □ □
		5.3 □ □	

4. Organización de la sala de jugar
`1 2 3 4 5 6 7`   Notas:

S N	S N NA	S N	S N
1.1 □ □	3.1 □ □	5.1 □ □	7.1 □ □
1.2 □ □	3.2 □ □	5.2 □ □	7.2 □ □
	3.3 □ □	5.3 □ □	7.3 □ □
	3.4 □ □ □		

5. Espacio para la privacidad
`1 2 3 4 5 6 7`

S N	S N	S N	S N
1.1 □ □	3.1 □ □	5.1 □ □	7.1 □ □
	3.2 □ □	5.2 □ □	7.2 □ □

6. Exhibiciones relacionadas a los niños
`1 2 3 4 5 6 7`

S N	S N	S N	S N
1.1 □ □	3.1 □ □	5.1 □ □	7.1 □ □
1.2 □ □	3.2 □ □	5.2 □ □	7.2 □ □
		5.3 □ □	

7. Espacio para el juego motor grueso	1 2 3 4 5 6 7	Notas:

	S N		S N		S N		S N
1.1	□ □	3.1	□ □	5.1	□ □	7.1	□ □
1.2	□ □	3.2	□ □	5.2	□ □	7.2	□ □
				5.3	□ □	7.3	□ □

8. Equipo para actividades motoras gruesas	1 2 3 4 5 6 7

	S N		S N		S N NA		S N
1.1	□ □	3.1	□ □	5.1	□ □	7.1	□ □
1.2	□ □	3.2	□ □	5.2	□ □	7.2	□ □
1.3	□ □	3.3	□ □	5.3	□ □ □		

A. Calificación de la Sub-escala (Items 1 - 8) __ __

B. Número de ítems calificados __ __

Puntaje promedio para ESPACIO Y MUEBLES (A + B) __.__ __

RUTINAS DEL CUIDADO

9. Recibimiento/ despedida	1 2 3 4 5 6 7	Notas:

	S N		S N		S N NA		S N NA
1.1	□ □	3.1	□ □	5.1	□ □	7.1	□ □
1.2	□ □	3.2	□ □	5.2	□ □	7.2	□ □
1.3	□ □	3.3	□ □	5.3	□ □ □	7.3	□ □ □

10. Comidas/meriendas	1 2 3 4 5 6 7

	S N NA		S N NA		S N NA		S N
1.1	□ □	3.1	□ □	5.1	□ □	7.1	□ □
1.2	□ □	3.2	□ □	5.2	□ □	7.2	□ □
1.3	□ □	3.3	□ □	5.3	□ □	7.3	□ □
1.4	□ □	3.4	□ □	5.4	□ □ □		
1.5	□ □ □	3.5	□ □ □				
		3.6	□ □ □				

11. Siesta/descanso	1 2 3 4 5 6 7 NA	Notas:

	S N		S N		S N		S N
1.1	□ □	3.1	□ □	5.1	□ □	7.1	□ □
1.2	□ □	3.2	□ □	5.2	□ □	7.2	□ □
1.3	□ □	3.3	□ □	5.3	□ □		
		3.4	□ □				

12. Ir al baño/poner pañales	1 2 3 4 5 6 7

	S N		S N		S N		S N
1.1	□ □	3.1	□ □	5.1	□ □	7.1	□ □
1.2	□ □	3.2	□ □	5.2	□ □	7.2	□ □
1.3	□ □	3.3	□ □	5.3	□ □		
1.4	□ □	3.4	□ □				
		3.5	□ □				

13. Prácticas de salud	1 2 3 4 5 6 7

	S N		S N		S N		S N NA
1.1	□ □	3.1	□ □	5.1	□ □	7.1	□ □
1.2	□ □	3.2	□ □	5.2	□ □	7.2	□ □ □
		3.3	□ □	5.3	□ □		
		3.4	□ □				

14. Prácticas de seguridad	1 2 3 4 5 6 7

	S N		S N		S N		S N
1.1	□ □	3.1	□ □	5.1	□ □	7.1	□ □
1.2	□ □	3.2	□ □	5.2	□ □	7.2	□ □
1.3	□ □	3.3	□ □				

A. Calificación de la Sub-escala (Items 9 - 14) __ __

B. Número de ítems calificados __ __

Puntaje promedio para RUTINAS DEL CUIDADO (A +B) __.__ __

LENGUAJE -RAZONAMIENTO	ACTIVIDADES

15. Libros e imágenes   `1 2 3 4 5 6 7`   Notas:

	S N		S N		S N		S N
1.1	□ □	3.1	□ □	5.1	□ □	7.1	□ □
1.2	□ □	3.2	□ □	5.2	□ □	7.2	□ □
				5.3	□ □		
				5.4	□ □		
				5.5	□ □		

16. Estimulando la comunicación en los niños   `1 2 3 4 5 6 7`

	S N		S N		S N		S N
1.1	□ □	3.1	□ □	5.1	□ □	7.1	□ □
1.2	□ □	3.2	□ □	5.2	□ □	7.2	□ □
		3.3	□ □				

17. Usando el lenguaje para desarrollar las habilidades del razonamiento   `1 2 3 4 5 6 7`

	S N		S N		S N		S N
1.1	□ □	3.1	□ □	5.1	□ □	7.1	□ □
1.2	□ □	3.2	□ □	5.2	□ □	7.2	□ □

18. Uso informal del lenguaje   `1 2 3 4 5 6 7`

	S N		S N		S N		S N
1.1	□ □	3.1	□ □	5.1	□ □	7.1	□ □
1.2	□ □	3.2	□ □	5.2	□ □	7.2	□ □
1.3	□ □			5.3	□ □		
				5.4	□ □		

A. Calificación de la Sub-escala (Items 15 - 18) __ __

B. Número de ítems calificados __ __

Puntaje promedio para **LENGUAJE-RAZONAMIENTO** (A + B) __.__ __

---

19. Motoras finas   `1 2 3 4 5 6 7`   Notas:

	S N		S N		S N		S N
1.1	□ □	3.1	□ □	5.1	□ □	7.1	□ □
1.2	□ □	3.2	□ □	5.2	□ □	7.2	□ □
				5.3	□ □		

20. Arte   `1 2 3 4 5 6 7`

	S N		S N		S N		S N NA
1.1	□ □	3.1	□ □	5.1	□ □	7.1	□ □
1.2	□ □	3.2	□ □	5.2	□ □	7.2	□ □
						7.3	□ □ □

21. Música/ movimiento   `1 2 3 4 5 6 7`

	S N		S N		S N		S N
1.1	□ □	3.1	□ □	5.1	□ □	7.1	□ □
1.2	□ □	3.2	□ □	5.2	□ □	7.2	□ □
		3.3	□ □			7.3	□ □

22. Bloques   `1 2 3 4 5 6 7`

	S N		S N		S N		S N
1.1	□ □	3.1	□ □	5.1	□ □	7.1	□ □
		3.2	□ □	5.2	□ □	7.2	□ □
		3.3	□ □	5.3	□ □	7.3	□ □
				5.4	□ □		

23. Arena/agua   `1 2 3 4 5 6 7`

	S N		S N		S N		S N
1.1	□ □	3.1	□ □	5.1	□ □	7.1	□ □
1.2	□ □	3.2	□ □	5.2	□ □	7.2	□ □
				5.3	□ □		

24. Juego dramático

| 1 | 2 | 3 | 4 | 5 | 6 | 7 | **Notas:** |

S N	S N	S N	S N
1.1 □ □	3.1 □ □	5.1 □ □	7.1 □ □
	3.2 □ □	5.2 □ □	7.2 □ □
	3.3 □ □	5.3 □ □	7.3 □ □
		5.4 □ □	7.4 □ □

A. Calificación de la Sub-escala (Items 19 - 28) __ __

B. Número de ítems calificados __ __

Puntaje promedio para ACTIVIDADES (A ÷ B) __.__ __

INTERACCIÓN

25. Naturaleza/ciencia

| 1 | 2 | 3 | 4 | 5 | 6 | 7 |

S N	S N	S N	S N
1.1 □ □	3.1 □ □	5.1 □ □	7.1 □ □
	3.2 □ □	5.2 □ □	7.2 □ □
	3.3 □ □	5.3 □ □	
		5.4 □ □	

29. Supervisión de las actividades motoras gruesas

| 1 | 2 | 3 | 4 | 5 | 6 | 7 | **Notas:** |

S N	S N	S N	S N
1.1 □ □	3.1 □ □	5.1 □ □	7.1 □ □
1.2 □ □	3.2 □ □	5.2 □ □	7.2 □ □
		5.3 □ □	7.3 □ □

26. Matemáticas/números

| 1 | 2 | 3 | 4 | 5 | 6 | 7 |

S N	S N	S N	S N
1.1 □ □	3.1 □ □	5.1 □ □	7.1 □ □
1.2 □ □	3.2 □ □	5.2 □ □	7.2 □ □
		5.3 □ □	
		5.4 □ □	

30. Supervisión general de los niños

| 1 | 2 | 3 | 4 | 5 | 6 | 7 |

S N	S N	S N	S N
1.1 □ □	3.1 □ □	5.1 □ □	7.1 □ □
1.2 □ □	3.2 □ □	5.2 □ □	7.2 □ □
	3.3 □ □	5.3 □ □	
		5.4 □ □	

27. Uso de la televisión, videos, y/o computadoras

| 1 | 2 | 3 | 4 | 5 | 6 | 7 NA |

S N	S N	S N NA	S N NA
1.1 □ □	3.1 □ □	5.1 □ □	7.1 □ □ □
1.2 □ □	3.2 □ □	5.2 □ □ □	7.2 □ □
	3.3 □ □	5.3 □ □	
		5.4 □ □	

31. Disciplina

| 1 | 2 | 3 | 4 | 5 | 6 | 7 |

S N	S N	S N	S N
1.1 □ □	3.1 □ □	5.1 □ □	7.1 □ □
1.2 □ □	3.2 □ □	5.2 □ □	7.2 □ □
1.3 □ □	3.3 □ □	5.3 □ □	7.3 □ □

28. Promoviendo la aceptación de la diversidad

| 1 | 2 | 3 | 4 | 5 | 6 | 7 |

S N	S N	S N	S N
1.1 □ □	3.1 □ □	5.1 □ □	7.1 □ □
1.2 □ □	3.2 □ □	5.2 □ □	7.2 □ □
1.3 □ □	3.3 □ □		

32. Interacciones entre el personal y los niños

| 1 | 2 | 3 | 4 | 5 | 6 | 7 |

S N	S N	S N	S N
1.1 □ □	3.1 □ □	5.1 □ □	7.1 □ □
1.2 □ □	3.2 □ □	5.2 □ □	7.2 □ □
1.3 □ □		5.3 □ □	

33. Interacciones entre los niños	1 2 3 4 5 6 7	Notas:

S N   S N   S N   S N
1.1 □ □   3.1 □ □   5.1 □ □   7.1 □ □
1.2 □ □   3.2 □ □   5.2 □ □   7.2 □ □
1.3 □ □   3.3 □ □

A. Calificación de la Sub-escala (Items 29 - 33) __ __

B. Número de ítems calificados __ __

Puntaje promedio para INTERACCION (A ÷ B) __.__ __

ESTRUCTURA DEL PROGRAMA

34. Horario   1 2 3 4 5 6 7   Notas:

S N   S N   S N   S N
1.1 □ □   3.1 □ □   5.1 □ □   7.1 □ □
         3.2 □ □   5.2 □ □   7.2 □ □
         3.3 □ □   5.3 □ □
         3.4 □ □   5.4 □ □

35. Juego libre   1 2 3 4 5 6 7

S N   S N   S N   S N
1.1 □ □   3.1 □ □   5.1 □ □   7.1 □ □
1.2 □ □   3.2 □ □   5.2 □ □   7.2 □ □
         3.3 □ □   5.3 □ □

36. Tiempo en grupo   1 2 3 4 5 6 7

S N   S N   S N   S N
1.1 □ □   3.1 □ □   5.1 □ □   7.1 □ □
1.2 □ □   3.2 □ □   5.2 □ □   7.2 □ □
                     5.3 □ □   7.3 □ □

---

37. Provisiones para los niños con discapacidades   1 2 3 4 5 6 7 NA   Notas:

S N   S N   S N   S N
1.1 □ □   3.1 □ □   5.1 □ □   7.1 □ □
1.2 □ □   3.2 □ □   5.2 □ □   7.2 □ □
1.3 □ □   3.3 □ □   5.3 □ □   7.3 □ □
1.4 □ □   3.4 □ □

A. Calificación de la Sub-escala (Items 34 - 37) __ __

B. Número de ítems calificados __ __

Puntaje promedio para ESTRUCTURA DEL PROGRAMA (A ÷ B) __.__ __

PADRES Y PERSONAL

38. Provisiones para los padres   1 2 3 4 5 6 7   Notas:

S N   S N   S N   S N
1.1 □ □   3.1 □ □   5.1 □ □   7.1 □ □
1.2 □ □   3.2 □ □   5.2 □ □   7.2 □ □
         3.3 □ □   5.3 □ □   7.3 □ □
         3.4 □ □   5.4 □ □

39. Provisiones para las necesidades personales del personal   1 2 3 4 5 6 7

S N   S N NA   S N   S N
1.1 □ □   3.1 □ □   5.1 □ □   7.1 □ □
1.2 □ □   3.2 □ □   5.2 □ □   7.2 □ □
         3.3 □ □   5.3 □ □   7.3 □ □
         3.4 □ □   5.4 □ □
         3.5 □ □ □

40. Provisiones para las necesidades profesionales del personal   1 2 3 4 5 6 7

S N   S N   S N   S N
1.1 □ □   3.1 □ □   5.1 □ □   7.1 □ □
1.2 □ □   3.2 □ □   5.2 □ □   7.2 □ □
1.3 □ □   3.3 □ □   5.3 □ □

Comentarios y Planes:

41. Interacción y cooperación entre personal

| 1 | 2 | 3 | 4 | 5 | 6 | 7 | NA |

Notas:

	S N		S N		S N		S N
1.1	□ □	3.1	□ □	5.1	□ □	7.1	□ □
1.2	□ □	3.2	□ □	5.2	□ □	7.2	□ □
1.3	□ □	3.3	□ □	5.3	□ □	7.3	□ □

42. Supervisión y evaluación del personal

| 1 | 2 | 3 | 4 | 5 | 6 | 7 | NA |

	S N		S N		S N NA		S N
1.1	□ □	3.1	□ □	5.1	□ □	7.1	□ □
1.2	□ □	3.2	□ □	5.2	□ □	7.2	□ □
				5.3	□ □	7.3	□ □
				5.4	□ □ □		

43. Oportunidades para el desarrollo profesional

| 1 | 2 | 3 | 4 | 5 | 6 | 7 |

	S N		S N		S N		S N NA
1.1	□ □	3.1	□ □	5.1	□ □	7.1	□ □
1.2	□ □	3.2	□ □	5.2	□ □	7.2	□ □
		3.3	□ □	5.3	□ □	7.3	□ □ □
				5.4	□ □		

A. Calificación de la Sub-escala (Items 38 - 43) __ __

B. Número de ítems calificados __ __

Puntaje promedio para PADRES Y PERSONAL (A + B) __.__ __

Calificaciones totales y promedios

	Puntaje total	Nº de ítems calificados	Puntaje promedio
Espacio y Muebles	_____	_____	_____
Rutina del Cuidado	_____	_____	_____
Lenguaje-Razonamiento	_____	_____	_____
Actividades	_____	_____	_____
Interaccion	_____	_____	_____
Estructura del Programa	_____	_____	_____
Padres y Personal	_____	_____	_____
TOTAL	_____	_____	_____

Perfil ECERS-R

_____ /Escuela: _____

Maestro(s)/sala de clase: _____

Observador: _____

Observación 1: ___d___ / ___m___ / ___a___

Observación 2: ___d___ / ___m___ / ___a___

	1	2	3	4	5	6	7
I. Espacio y Muebles (1-8)							
1. Espacio interior							
2. Muebles para el cuidado rutinario, el juego y el aprendizaje							
3. Muebles para el relajamiento y confort							
4. Organización de la sala de jugar							
5. Espacio para la privacidad							
6. Exhibiciones relacionadas a los niños							
7. Espacio para el juego motor grueso							
8. Equipo para actividades motoras gruesas							
II. Rutinas del Cuidado Personal (9-14)							
9. Recibimiento/despedida							
10. Comidas/meriendas							
11. Siesta/descanso							
12. Ir al baño/poner pañales							
13. Prácticas de salud							
14. Prácticas de seguridad							
III. Lenguaje-Razonamiento (15-18)							
15. Libros e imágenes							
16. Estimulando la comunicación en los niños							
17. Usando el lenguaje para desarrollar las razonamiento							
18. Uso informal del lenguaje							
IV. Actividades (19-28)							
19. Motoras finas							
20. Arte							
21. Música/movimiento							
22. Bloques							
23. Arena/agua							
24. Juego dramático							
25. Naturaleza/ciencia							
26. Matemáticas/números							
27. Uso de la televisión, videos, y/o computadoras							
28. Promoviendo la aceptación de la diversidad							
V. Interacción (29-33)							
29. Supervisión de las actividades motoras gruesas							
30. Supervisión general de los niños							
31. Disciplina							
32. Interacciones entre el personal y los niños							
33. Interacciones entre los niños							
VI. Estructura del Programa (34-37)							
34. Horario							
35. Juego libre							
36. Tiempo en grupo							
37. Provisiones para los niños con discapacidades							
VII. Padres y Personal (38-43)							
38. Provisiones para los padres							
39. Provisiones para las necesidades personales							
40. Provisiones para las necesidades profesionales							
41. Interacción y cooperación entre personal							
42. Supervisión y evaluación del personal							
43. Oportunidades para el desarrollo profesional							

I. Espacio y Muebles (1-8)
Obs. 1 ☐ Obs. 2 ☐
calificación promedio de la sub-escala

II. Rutinas del Cuidado Personal (9-14) ☐

III. Lenguaje-Razonamiento (15-18) ☐

IV. Actividades (19-28) ☐

V. Interacción (29-33) ☐

VI. Estructura del Programa (34-37) ☐

VII. Padres y Personal (38-43) ☐

Calificaciones Promedios de la Sub-Escala

ESPACIO Y MUEBLES
RUTINAS DEL CUIDADO PERSONAL
LENGUAJE-RAZONAMIENTO
ACTIVIDADES
INTERACCIÓN
ESTRUCTURA DEL PROGRAMA
PADRES Y PERSONAL